Ich wollte nie nach Israel

Literarisches Tagebuch

einer Reise im Land der Bibel

Gabriele Prattki

Bibliografische Information der Deutschen Nationalbibliothek:
Die Deutsche Nationalbibliothek verzeichnet diese Publikation in der
Deutschen Nationalbibliografie, detaillierte bibliografische Daten
sind im Internet über http//dnb.dnb.de abrufbar.

© 2021 Gabriele Prattki
Herstellung und Verlag : BoD – Books on Demand, Norderstedt

Fotos: Helga M. Kemper, Gabriele Prattki

ISBN: 9-783753440163

Inhaltsverzeichnis

Vorwort

Gern bin ich in ferne Länder gereist, interessiert an
Menschen, die anders leben als wir, an exotischen
Landschaften, köstlichen Düften, Tänzen, Musik.
Länder mit politischen und sozialen Konflikten ohne
abzusehenden Perspektivwechsel kamen für mich
als Reiseland nicht infrage. Israel gehörte dazu.
Im Januar 2020 flog ich mit einer Reisegruppe für zehn
Tage ins „Land der Bibel", obwohl ich Zweifel hegte.
Schon bei der Vorbereitung auf die Reise mit Büchern
und Filmen häuften sich Fragen zum Land und zum
christlichen Glauben, die während der Reise nicht
verstummten. Doch wurde ich überrascht - auch von
meinen Reaktionen an religiösen Stätten und auf Worte
des Evangeliums.
Erst nach der Reise wurde mir klar: Sie war ein weiteres
Stück auf meinem inneren Pilgerweg.

Ein literarisches Reisetagebuch ist entstanden mit
Informationen und Meinungen zu Politik, Geschichte
und Religion, mit meinen Beobachtungen, persönlichen
Gedanken, Fragen, Gefühlen.

Vor der Reise
Juli 2019

Ins Land der Bibel
Jetzt ist es klar
Ich werde dabei sein

Vorfreude aufs Reisen
Gleichzeitig Stimmen
aus Büchern Filmen Dokus
über dieses geteilte Land
das mir am Herzen liegt
als ob mich etwas
persönlich betreffen würde
Fragen tauchen auf
und ab und auf
Immer wieder

Warum pilgern Menschen
aus aller Welt in das
unbefriedete Land?
Was will ich dort?
Eine Vergangenheit ausgraben
die auf Bibeltexten beruht?
Neue Erkenntnisse
über Inhalte der Bibel entdecken?
Dem Ursprung des christlichen Glaubens
den ich zu verlieren fürchte
vor Ort näher kommen?

Vielleicht
Warum nicht?
Den Zauber fremder Landschaft
spüren
Von Menschen erfahren
wie sie dort leben können
weil ich es mir
nicht vorstellen kann

Jesus im Heute suchen?
Eher nicht
Aber ihn heute
besser verstehen
Ach Sehnsucht

War er ein guter Anführer
für die Menschen
die ihm folgten?
Woran erkennt man das?
„Einen guten Führer erkennst du
nicht an seiner Stärke.
Nicht mal an seinem Ziel.
Sondern an seinem Weg." [1]
Konnten Jesu Weggefährten
seinen Weg weitsichtig wahrnehmen?
Der doch erforderte zu verlassen
alles hinter sich zu lassen
neu zu beginnen voller Vertrauen

auf das Reich Gottes unter den Menschen

Unübersichtlich undurchschaubar
Situation ausweglos
heute
Frieden nicht in Sicht
zwischen Israel und Palästina
Und dann vertrauen?
Wem?

Die Bibel für das Land der Bibel
nach Jahren geöffnet
Das weckt Erinnerungen
Frühe Schulzeit
Ich durfte viele Fragen stellen
Religion war Lieblingsfach
Jungfrauengeburt und päpstliche Dogmen
beides schien mir unglaubwürdig
wie auch ein auserwähltes Volk
Manches wurde Lebensweisheit
Geschichten der Bibel und
deren Bedeutung heute
darüber fand reger Austausch
mit anderen Erwachsenen statt

Neubeginn
ist immer möglich
sagte Jesus

Liebe deine Feinde
sagte er
Wie soll das gehen
Jesus?
Liebe deinen Nächsten
wie dich selbst
Schwer genug

Ich suche eine Verbindung
zwischen mir
und der Reise in dieses Land
Ausgerechnet Israel
Auf keinen Fall
wollte ich jemals
dort hin

Aktuelle Nachricht
September 2019

Netanjahu will Teile
des Jordantales
annektieren
würde er wieder gewählt

Eine Stichwahl
Er gewinnt

ungläubig
höre ich
fragezeichen
verharren
sprachlos

Und doch
habe ich entschieden
Es geht nach Israel

Tag 1 - Winterliche Anreise
Januar 2020

gefrorener nebel
weihnachtsbeleuchtung
am flughafen fmo
aufstieg im nebelnebel
zum gleißenden sonnenlicht
über dem eismeer
aus wolken
unter blau blau

Feucht und zäh die graue Suppe
über dem nebulösen Frankfurt
Zäh wie meine Erkältung
In der Apotheke des Flughafens
besorge ich Medikamente
Schade aber nicht zu ändern
dass sich die Sinusitis
nicht vorher verzogen hat
und mich als blinder Passagier
begleiten wird
Ein langer Flug mit Käsebrot
angereicht mit einer
Entschuldigung wegen
ausgefallener Caterer
und deren Engpässen im Personal
die uns das geplante Menü vorenthalten

Die Alpen im Januar
kahlgrau und traurig
ohne Schnee

orange verschwimmt
zu glutrot
über dem dunklen blau
der
sich ankündigenden nacht
betörend

Tel Aviv glitzert vielfarbig
im Dunkel des winterlichen Abends
David begrüßt uns
israelischer Christ
und Türöffner zu Sehenswertem
Ohne Begleitung aus diesem Land
dürften wir hier
keinen Schritt tun
Im Verlauf unserer Reise
wird er sich als freundlich
zuvorkommend erweisen
Unserem Busfahrer scheinen
wir eher lästig zu sein

Wir stehen an der Passkontrolle
stehen stehen
Vier Abfertigungsschalter
vier Warteschlangen

Zwei Kontrolleure verlassen ihren Platz
Wir stehen stehen
Neunzig Minuten später
werden wir durchgeschleust
ohne Blickkontakt
erhalten ein Stück Papier
klein wie eine Scheckkarte
unser Visum für zwei Monate
Kein Stempel im Reisepass
um ohne Probleme in
arabische Staaten fahren zu können
Mit israelischem Visum im Pass
würde dort die Einreise verweigert

Zweistündige Nachtfahrt von Tel Aviv
zum See Genezareth
Pilgerziel Urlaubsparadies und
größtes Süßwasser-Reservoir
des Landes
Leichter Regen zur Begrüßung
gegen Mitternacht
vor dem Kibbuz-Hotel
mit kleinen Bungalows für Touristen
Koffer auspacken
Im Kühlschrank Proviant
zum Vergessen
Kein Appetit
Ich falle ins Bett
Kalt ist es in Israel

Tag 2 - Der Berg der Seligpreisungen
Marathon und Matschwege

Halb sechs
das Telefon schrillt
Hotelservice
Was mache ich
nicht alles mit

Noch schläft die Sonne
Der See geglättet
in großer Ruhe
vor mir
mit Schilf und
Palmen am Ufer

Tiberias träumt gegenüber

Warum die frühe Stunde?
Für den Tiberias-Marathon gilt
Straßensperrung ab 6.45 Uhr
Wir müssen dem Rennen
zuvor entkommen
Alle Reisenden pünktlich im Bus
erwartungsvoll
Doch schon in der ersten Kurve
wird Halt uns von der Polizei
geboten
Ein kleines Stück nur geht es weiter
Dann steht ein Bus als Straßensperre
quer fürs Rennen
Nach kurzem Hin und Her
zwischen David und zwei Polizisten
fährt umständlich der andere Bus
vor setzt zurück
und gibt den Weg uns frei
Ein Reisesegen zum Morgen
des ersten Tages
durch die Reiseleiterin
mit Gedanken an Gott
dem keine Wege fremd

Entlang der Golanhöhen bei 16 Grad
Vorbei an Hippos aus byzantinischer Zeit

Stadt auf einem Basaltplateau
und früher Herodes-Gebiet
Dort im Norden Galiläas war es
wo Jesus die längste Zeit wirkte
Fruchtbare Gegend
Bananen Mangos und Orangen
Bougainvilleen blühen
Bald werden sich Strahlen
der Morgensonne im See
spiegeln

Grenzgebiet
eigentlich Syrien
doch im Jahr 67 erobert von Israel
dazu den Golan

Zugvögel
zarte Schattenlinie
auf dem stillen See
Der kleine Fluss unter der Brücke
soll der Jordan sein
Ein geschlossenes Tor
Der Zutritt zum Aussichtspunkt
auf dem **Berg der Bergpredigt**
verwehrt
von einer Glaubensgemeinschaft

In der Nähe
ein weiter Blick auf

den See Genezareth
pastellblau vor kahlen Bergrücken
Und dann ergießt sich
ein glitzerndes Sonnenband
über den See und blendet

Eine kleine Kapelle als Oktogon
Symbol der Seligpreisungen
Vielsprachig preisen Tafeln
im Park auf dem Berg
"Blessed are the peacemakers
for they will be called
children of God"

Was Jesus damals sagte
war grundlegend und neu für
menschliches Handeln
und Zusammenleben
Nächstenliebe bedeute
in jedem Menschen
Gottes Ebenbild zu sehen
Der Weg ist dabei das Ziel
Wir können uns ändern
umkehren
Neubeginn jederzeit
sagte Jesus

neu begonnen
oft
lebenschritte
selbstverurteilung
hoffnung hoffnung
auf
aber
der glaube dahin
so schien es

und plötzlich
von woher
ein erkennen
nichts war verloren

Blick auf den See unter Palmen
begleitet von fremden Vogelstimmen
Grüne Papageien flattern
in Fikus- und Eukalyptusalleen
Ein Text von *Dürrenmatt* wird vorgelesen
„ ... hier, auf diesem steinigen Boden, hat er
die gewaltigste Rede geredet, die ich kenne
... aus dem Judentum geboren ..."
Und wie aus meiner Seele gesprochen
„Doch wenn dieses Gebäude
auf dem Berge für mich eine Ideologie ist,
so vermag sie für andere etwas Existenzielles zu sein ...
Schrecklich werden [die Unterschiede im Glauben] nur,
... wenn das, woran jemand glaubt
als etwas Objektives genommen wird
... der Glaube ist etwas Subjektives und damit
Existenzielles" [2]
Kein Grund für Streit oder Krieg

Strahlen auch Orte
wie Menschen etwas aus?
Könnte ich vor Ort
in der direkten Begegnung
mehr Verständnis
für ein Geschehen aufbringen?
Etwas begreifen
Ergriffen werden?
Bereise ich deshalb
dieses Land?

"It might be a bit wet"
mit britischem Understatement
von unserem Guide vermutet
vor unserer Wanderung
vom Berg der Bergpredigt
ins nur scheinbar weit
entfernte Tal
Dicker Matsch
des fruchtbaren Bodens
klebt und klitscht
an unseren Schuhen
Wir rutschen
sitzen auf dem Hosenboden
versuchen
auf Grasbüschel auszuweichen
Es piekst
Erfolglos unser Bemühen
die matschigen Klumpen
mit Tempotuch oder Grashalmen
von den Schuhen abzuwischen
Am Ende des Weges
ein Zaun
Dort können wir abstreichen
abtreten abwerfen
in Pfützen benetzen
und notdürftig abwischen
was unsere Füße beschwert
Ein lebhafter Eindruck

vom beschwerlichen Weg Jesu
wenn er nach seinen Reden
diesen Berg im Regen hinunter lief
Zog er vorher die Sandalen aus
und ging barfuß?

Tabgha
Ort der sieben Quellen
Kirche der ersten Brotvermehrung
Symbol für
Jesu Speisung der Fünftausend
am Ufer des See Genezareth
Gastfreundschaft
ein hohes Gut im Orient
Tabgha ein Ort
um Brot und Zeit und Gottes Gegenwart
zu teilen
Gestaltet im byzantinischen Stil
die Kirche
eine der schönsten im Land
Der helle Stein heißt freundlich
willkommen
Stille lädt zum Verweilen ein
Ein großer Leuchter über dem Altar
wirkt festlich zwischen zwei Ikonen
links Maria
rechts Jesus Pantokrator
der Weltenherrscher

Vermutlich legten ägyptische Christen
im Inneren die herrlichen Mosaike
mit Tieren und Pflanzen
die nicht in Israel leben
Eine Krippe aus drei Holzfiguren
unter roten Hibiskusblüten
Die Weihnachtszeit
noch nicht vorbei
Auch wenn es mir so vorkommt
fern von zuhause
Unter dem Altar der Naturfels
auf dem die Brotvermehrung
stattgefunden haben soll
Davor ein Mosaik
aus dem sechsten Jahrhundert
ein Fisch und zwei Brote
Erinnerung an das Wunder

ich glaube an wunder
als zeichen auf dem weg
wende und wandlung
in zeiten innerer not
habe ich erlebt
wahrscheinlich sind sie
zahllos
die zeichen
was wäre
würde ich sie alle sehen

Von Jesus verkündet
das Reich Gottes
Zeichen und Handlungen
wie gemeinsame Mahlzeiten
mit Juden und Heiden
wie Menschen anderen Glaubens
damals und lange bezeichnet wurden
Jesus wandte sich
den Menschen aller Völker zu

Ein Garten
blühende Sträucher
alte Bäume
in der Anlage des Klosters
Deutsche Benediktiner
leben und arbeiten in Tabgha
seit 1909
Im Park ein stiller Platz
überdacht für den Gottesdienst
am paradiesischen Seeufer
Dalmanutha
Ein Kreuz aus Baumwurzeln
Ein dicker Felsbrocken der Altar
zum Sitzen dienen Baumstämme
Zwischen Seeufer und Kirche
eine Begegnungsstätte
Juden Christen und Muslime
Kinder und Jugendliche mit Behinderung
aus dem „Heiligen Land"

Unsere Reiseleiterin
klug ist sie
erzählt erklärt beantwortet
unsere Fragen
Wie gern sie das tut
Ihre Kompetenz
kann ich nur ahnen
Ihre Liebe zum Land
ist deutlich spürbar
Sie erreicht mich
mit ihren Worten
mit ihrem gelebten Glauben
mit ihrer authentischen Art

Oliven in Fülle bis **Kafarnaum**
hebräisch Kefar Nahum
bedeutendste Wirkungsstätte Jesu
Ausgrabungen enthüllen
Gassen und Häuser aus römischer Zeit
Ruinen einer Synagoge
mit Säulenreihen aus weißem Kalkstein
Korinthische Kapitelle
als krönende Verzierung

Achteckig
die Kirche des Petrushauses
aus byzantinischer Zeit

entstanden aus dem Haus des Petrus
Über alten Fundamenten scheint
die neue Kirche zu schweben
Jesus soll dort einen Gelähmten
und in der Synagoge einen Besessenen
geheilt haben
Was lähmte den einen?
Was machte den anderen verrückt?
`Sünde´
verstanden als innere Fehlhaltung
die sich auch äußerlich zeigen
und Menschen ins Chaos
stürzen kann
Jesus konnte nur vergeben
wirksam heilen
wenn der Mensch bereit war
durch Glauben und Vertrauen
die Ursache der Fehlhaltung
zu beseitigen
Not-Wende

Migdal

das biblische Magdala
wo Maria Magdalena lebte
und Jesus begegnete
Die jüdische Siedlung heute
ein Ort jüdischer
und christlicher Geschichte

Das frühe Israel der Bibel setzte
König und Gott nicht gleich
entzauberte weltliche Macht
dank seiner Propheten
wie Jesaja Ezechiel Samuel
Außergewöhnlich dass Israel
im Gegensatz zu anderen Völkern
Fehler und Schwächen seiner Könige
dokumentierte
und eine Macht *über* dem König
anerkannte
Propheten warfen den Mächtigen vor
die Weisungen der Thora zu missachten
und zu verdrängen
dass JHWE ein Gott der Freiheit war
und der Gerechtigkeit
In Frage stellten sie
die Notwendigkeit eines Tempels
prangerten verlogene Priesterschaft
und heuchlerischen Tempelkult an
Hieß es doch in der Schrift
Barmherzigkeit will ich
nicht Opfer
Gerechtigkeit und Erbarmen
als einzig göttliche Macht
erkannten die Propheten an

Ursprünglich gab es nicht heilige Stätten
weder im Judentum noch bei den Christen
Ort der Gegenwart Gottes
war und ist der Mensch
Das Christentum wurzelt im Judentum
Doch mit dem Glauben an Gottes Sohn
begann die Spaltung
Für die Juden galt schon immer
es gibt den Einen den Einzigen
Gott

Jesus war Jude
überzeugter Vertreter
des jüdischen Glaubens
Weder eine Religion
noch eine Kirche
wollte er gründen

Das Women´s Atrium in Migdal
gewidmet allen Frauen
die als Weggefährtinnen Jesu
im Lauf der Jahrhunderte
Glauben Tradition und Werte übermittelten
Eine neue Aufmerksamkeit?
Wurden doch Frauen seit Adam und Eva
als minderwertig betrachtet

Was sagt die Bibel dazu?
Erschaffung von Mann und Frau
gemeinsam als Bild und Gleichnis Gottes
Wohin wurde das versenkt
über die Jahrhunderte?
Nach dem Sündenfall
- Und wer hat den erfunden? -
war die Frau dem Mann
untergeordnet

Das Hohelied der Liebe singt
von Sehnsucht und von Liebe
zwischen Mann und Frau
Körperliche Liebe wird
in schönsten Bildern dargestellt
Später deuteten Schriftgelehrte
das Hohelied
das Lied der Lieder
als Beziehung zwischen Gott
und seinem Volk
Ein schöner Vergleich
mit Ablenkung vom ursprünglich
Besungenen?

Frauen und Sexualität
nicht nur zur Zeit Jesu
im Alltag gering geschätzt
Jesus äußerte sich dazu nicht

Doch bezeugte sein Verhalten
ursprüngliche Gleichberechtigung
als seine gelebte Wirklichkeit

Frauen wurden im Zeitverlauf
wie auch die Sexualität
zur Ursache des Bösen degradiert
Die Frau als gefährliche Seite des Eros
Sie ist es bis heute aus der Sicht derer
die Angst vor Frauen haben

Eine Frau
Maria aus Magdala
erfuhr als Erste
Das Grab war leer
Wann machte man aus ihr
die große Sünderin
wie ich als Kind sie kennenlernte?
In nachbiblischer Zeit
als keiner lebte um zu erinnern
stellte man diese Frau ins Dunkel

Von endlos vielen Ausprägungen
des Christentums erfahre ich in Migdal
Darin vermutlich häufig Missbrauch
Verbiegungen des Ursprungs

Kapellen und farbenfrohe Mosaiken
mit biblischen Ereignissen
Jesus schenkte neues Leben
erweckte von den Toten
berief die Menschenfischer

Was soll was kann ich glauben?
Vielleicht dass mitten im Alltag
Leben neu geschenkt
neu gelebt werden kann?

Mittagessen am stillen See
Petrusfisch in voller Pracht
Kopf und Schwanz und Flossen

Über der Stille brodeln
dramatische Himmelsspiele
in tiefem Gewitter-grauschwarz
mit einem stürmischen Wechsel
zu Zirrusflöckchen
in weißem Gewand

Der Wind bläst kräftig
als wir ein Boot betreten
jenem nachgebaut
das Jesus und seine Weggefährten
bestiegen haben sollen
Vor langer Zeit gefunden ein solches
nachgebaut und heute genutzt
für Pilger-Tourismus
Jedoch nicht gerudert
werden wir
sondern per Motor befördert
ein Stück auf den See hinaus

Der Motor ausgeschaltet
mitten auf dem See
Heftig schaukelt das Boot
im Wind

Wir suchen Halt
im Sitzen im Stehen
Am Bug steht ruhig neben
dem Kreuz eine bärtige Holzfigur
ein Buch in der Hand
Rot der Mantel über
dem langen weißen Gewand
Petrus oder Abraham?
Wer weiß
ob sie bei Sturm denn hilft

Am Kreuzesbalken flattert wild
die Flagge Israels
zwei blaue Streifen
im Weiß und
der blaue Davidsstern
Man könnte als Symbol
das Bild deuten

Schwarze Wolken
drohen über den Hügeln
In den Wind hinein beginnt Uta zu lesen
Ich traue der biblischen Idylle nicht
lausche dann aber wie die anderen
dem Markus-Evangelium
mit der Geschichte von Petrus
der sich auch nicht traute
damals
über das Wasser zu gehen

In dem Augenblick
als Uta liest
dass sich auf Jesu Geheiß
der Sturm legte
in genau dem Augenblick
legt sich die Unruhe über dem See
Alles ist still

Wir halten den Atem an

Tag 3 - Ausgrabungen um Tell Hazor
Zeugnisse biblischer Zeiten

Dunstschleier
über dem See am Morgen
Regen
Regen über dem Land

Morgendliche Andacht
ein Angebot
das ich je nach Müdigkeit
annehme und mehr und mehr
zu schätzen lerne

Jesus forderte Menschen auf
Beruf und Familie hinter sich
zu lassen
Kehre um
folge mir nach
Das Reich Gottes ist nah
Es ist unter uns

tränen
ratlosigkeit und
innere bewegung
wer war dieser mensch
so sicher sprach er
so klar seine botschaft
woher sein mut

seine stärke sich zu erlauben
menschen aufzufordern
ihm zu folgen
alles stehen
und liegen zu lassen
alles
was einem lieb
und teuer ist
einfach zu verlassen
was gab ihm das recht

er muss etwas in sich
gehabt haben
eine verbindung
ein vertrauen
zu seinem gott
und
gnade des erkennens
der wahrheit dessen
was wahrhaftig ist

wer das weiß

Regen verschleiert die Mündungslandschaft
des Jordan in den See Genezareth
Jahrtausende alt sind Sümpfe und Moore
der Jordansenke nördlich des Sees
Vor sechzig Jahren waren davon nur

fünf Prozent noch unberührt
Israels Umweltschützer haben den Drang
der Siedler zu vereinnahmen
gebremst und ihnen einen kleinen Teil
des Landes entrissen
Das Hule Nature Reserve entstand
und danach viele Naturreservate
in denen sich auch afrikanische
Goliath-Reiher und Störche wohl fühlen
Tausende Zugvögel rasten in Hule
auf ihrem Weg Richtung Afrika

Auf dem Weg
sonniges Glitzern
auf schwarzem Basalt
gewaltige Steine Blöcke Kugeln
Darin
von einer Anhöhe grüßend
eine Gestalt aus Eisen
mit Fischernetz und Hut
Himmelsfischer

Ortsnamen im Vorbeifahren
kommen mir biblisch vor
Elifelet, Safed, Zid, Kfar Hanasi
In einem Orangenhain trotzen
die Früchte dem Grau des Regens

Tell Hazor
der majestätische Siedlungshügel
Ruinen mehrerer Jahrhunderte
Lückenlose Zeugnisse der Zeit
von 1800 vor bis zum siebten
Jahrhundert nach Christus
UNESCO-Weltkulturerbe Hazor
Größte Stadt des Königreiches Kanaan
dessen goldene Zeit Josua erwähnt
Größte Stadt jemals bei Ausgrabungen
in diesem Land entdeckt
Stadttore und Wälle der Vorzeit
aus Steinbrocken
verschieden in Größe Formen Farbtönen
Steinalt die Altäre
Steinkreise mythischer Bedeutung
Ein antiker Wasserschacht
als Zeugnis früher Kunst der Technik
Antik auch eine Ölpresse

Meine Blicke schweifen
über weite Landschaft
Da
Kraniche ziehen heran
schreien krächzen sich zu
drehen Kreise über uns
Der Zug der Ibisse folgt
schneeweiß ihr Gefieder
die Bogenschnäbel schwarz
Sie überfliegen Tell Hazor
ziehen weiter nach Süden

In Israel kann man in kurzer Zeit
wie nirgendwo sonst auf der Welt
durch zig Jahrtausende reisen
In diesem Land kleiner als Hessen
eng bei einander biblische Vergangenheit
und atemraubend bis furchterregend
die Gegenwart

Aktuell eine Nachricht

Soeben getötet
ein General des Iran
im Auftrag der USA
Vergeltung droht
Sie würde sich richten
gegen den Verbündeten
der USA und der
heißt Israel

tell hazor
mauern und tore fragen
herrscher und jeden einzelnen
wen lässt du hinein
wen lässt du draußen
warum
was lässt du hier
wenn du gehst
wohin

Was bedeuten Ausgrabungen
für den Entdecker
für den Glaubenden
für eine Gesellschaft?
Gläubige interpretieren sie
im Sinne der jeweiligen Religion
Wissenschaftler entdecken sie
Interpretieren nicht auch sie die Funde?
„Wer die Vergangenheit ausgräbt
interpretiert seine Gegenwart mit hinein"
sagt unsere Reiseleiterin
Der Satz bringt mir
die Macht der Entdecker
der Wissenden ins Bewusstsein
verunsichert wegen
der möglichen Absicht bei der Verbreitung
die nicht sofort erkennbar sein könnte
„Es reicht wenn man sich als Entdecker
oder Interpretierender
seiner Beschränkungen bewusst wird"
sagt Uta selbst Archäologin
Ich hoffe es möge
unter Forschern und Entdeckern
viele bewusste Menschen geben

Orangenhaine Eukalyptusalleen
säumen den Weg zu den Quellen des Jordan
bei **Banyas** einst Caesarea Philippi

Regenwolken umhüllen die Berge
Der Hermon
nördlichster Punkt unserer Reise
bleibt heute unsichtbar
Caesarea damals ein Wendepunkt
im Leben und Wirken Jesu
Reich Gottes allen Menschen verkünden
in Galiläa beidseitig des Sees
war innerer Auftrag ihm
Danach begab er sich
zum Ort seines Leidens
Jerusalem

Der Weg in die Tiefe
nicht ungefährlich
Glitschig die Steintreppe
hinunter zum Wasserfall
Mitreisende helfen sich gegenseitig
Wir finden es kalt und ungemütlich
Urwüchsig die Gegend entlang des Flusses
Wäre es warm
man könnte an Urwald denken
So feucht wie dort ist es allemal

An der Banyasquelle
einer der Quellen des Jordan
ragen Höhlen und Felsgrotten auf
Dort wurde einst Gott Pan verehrt

an der quelle
des lebens
zeigte er sich
mit einem lächeln
himmelsbote
sein rechter flügel
weit geöffnet
eine einladung
ihm zu folgen
hinter das nichts
das ich sah
als er verschwand

bin ich bereit

Souvenirs Souvenirs
Das Angebot variiert von Ort zu Ort
Lieber gleich kaufen was
das Herz begehrt
Ob Engel aus Olivenholz
Gemälde verschiedener Künstler
Gewürze Weihnachtsdekoration
ob Kerzen verziert mit biblischem Symbol
oder Bücher und Kippas und mehr

Grau in Grau die Landschaft
Wolken hüllen uns ein
auf den Höhen des Golan

Entlang der Waffenstillstandslinie
mit Syrien sehen wir
N I C H T S
Keinen Vulkankrater
Keine Grenze zu Syrien mit dem Lager
der UNO-Friedenstruppen
Keinen Übergang zum Libanon

*was macht sich
vor uns besuchern
unsichtbar
auf dem golan*

*schönheit der landschaft
elend des anhaltenden konflikts
verschlungen
von einer wand aus
nebeldickicht*

*wir
könnten
am abgrund stehen
nur einen schritt entfernt
vom nichts*

*lieber
einen schritt
zurücktreten
im honiggrenzland*

Im Gebiet der Drusen
der vom Islam abgespaltenen
eigenen Religionsgemeinschaft
entdecken wir in einem Imbiss
wunderbaren Honig
dort zum Tee gereicht
Ja
man kann ihn kaufen
Honig von den Golanhöhen
Zwei Gläser des Goldes
nehme ich mit
Ich taufe sie `Miel du Ciel´

Froh bin ich über die Regenhose
Vor Nässe würde ich sonst frieren
Starkregen durchdringt
jedermanns Kleidung
Ich spüre ihn zum Glück
nur in den Schuhen
die bei solchen Regenmengen
nicht dicht bleiben können
Und jetzt beginnt es zu schneien
Schneematsch am Straßenrand im Nu
sowie verstopfte Straßen
Denn viele Menschen in Israel
wollen hinauf auf den Hermon
Skifahren sofort
so lange wie möglich

Bei Schneefall schließen Schulen
Universitäten und Verwaltungen
in Jerusalem
weil Schnee auf dem Golan
etwas so Besonderes ist
Unser Busfahrer klickt
schnell ein Selfie
Er grinsend mit Schneeball
verschickt an seine Freunde
Im Bus tropft mein Regenmantel
Nässe verdunstet muffig
Scheiben beschlagen während außen
der Regen in Fäden daran entlang rinnt
Wer trotzdem den Auslöser
der Kamera betätigt
erhält Fotos wie Gemälde
verwischte Graugrün-Töne
als hätte ein Maler
mit breitem Pinsel gearbeitet
Auf der Fahrbahn gegenüber
wo sich alles staut
spielen Männer Schneeballschlacht

obstbäume im winterschlaf
und dann wieder
zaunlandschaften
abgrenzungen
begrenzte areale

grenzen
zwischen
mitten durch
gewollt geplant
gewaltig

Israel und Palästina
auf diesen Boden auf dieses Land
hätte beide Länder ein Recht
schrieb *Amos Oz* in seinem Buch
How to Cure a Fanatic
plädierte für zwei Staaten
in den Grenzen vor 1967
was schmerzhaft und nicht diskutierbar sei
Alles andere bedeute Konflikt und Krieg
auf ewig [3]
Das sagte er im Jahr 2003
Was würde er heute sagen?

Friedrich Dürrenmatt ging noch weiter
„Die Existenz des jüdischen Staates
bekommt ... den politischen Sinn,
den Palästinensern zu ... verhelfen: zu ihrem Staat.
So klein dieser Landstrich ... Palästina ...
er hat Platz für zwei Staaten ...
Platz für viele Kulturen ..." [4]
Gegenseitige Anerkennung vorausgesetzt

Amos Oz war lange Kibbuzim
Anhänger dieser Bewegung
die seit etwa 1910 als kommunistische Idee
für soziales Leben
in der Gesellschaft entstand
Männer und Frauen gleichberechtigt
teilten sich Aufgaben im Wechsel
Es ging nicht um Talente und Stärken
Die anfallende Arbeit wurde
verrichtet wie zugeteilt
Kinder wurden von allen erzogen
lebten in Kinderhäusern
getrennt von den Eltern
Heute übernehmen die wenigen Kibbuzim
Hotelführung und Landwirtschaft
leben nicht mehr in einem Trakt
abgeschlossen und bewacht wie früher
Kinder wachsen bei ihre Eltern auf

In meinem Bungalow im Kibbuz-Hotel
kommt mir dazu ein anderer Gedanke
Lange vor der Reise las ich
Brigitte Glasers Roman *Bühlerhöhe*
und rechnete mit Adenauer
und der Bundesrepublik Deutschland
zu seiner Zeit
Was kam mir entgegen? Israel
mit einer jungen Kibbuzim

aufgewachsen in Nazi-Deutschland
früh ausgewandert und als Agentin
später wieder eingeschleust[5]
Adenauer wollte an Israel
Wiedergutmachungsgelder
zahlen lassen und stand
dafür im Kreuzfeuer der Kritik
Viele Deutsche wollten
das Geld nicht geben
Viele Juden wollten es nicht haben
Blutgeld nein

Israel begleitet mich
seit langem
Vielleicht bin ich deshalb hier

Nachts
tröpfelt es
prasselt und dröhnt
Tropische Wassermengen
stürzen vom Himmel
Mein kleiner Bungalow
ist wasserdicht

Tag 4 - Paradies in Nazareth / Verkündigung und Verklärung unterm Regenhimmel

Ein Regenbogen begrüßt mich
auf den Weg zum Frühstück
Palmen und Bougainvilleen erinnern daran
dass wir uns im Süden befinden
Grüne Papageien lärmen

Dunkel zieht der Himmel sich zu
Noch leuchtet der See im Dunst
Die Sonne schwächelt
Wir fahren in das tiefe Grau
und hoffen auf Licht dahinter

Gottesdienst um neun Uhr in **Tabgha**
von vier Benediktiner-Mönchen zelebriert
Vor dem Altar fünf Nonnen
in dienender Funktion
Kritik daran folgt in der Gruppe
Ein Satz aus der Predigt erreicht mich
„Als erste Hinwendung den Menschen
mit Freundlichkeit begegnen
Ja
Das heißt nicht
das Böse als gut zu sehen"
Als Einzige gehe ich nicht zur Kommunion
Es stimmt für mich nicht daran teilzunehmen

Nach der Messe suche ich
Pater Jonas um die Grüße
einer Freundin auszurichten
die vor Jahren mit ihm
in Tabgha gearbeitet hat
Ein Mönch in brauner Kutte
versteht mich nicht
Seine Antwortet
Italienisch
Ein anderer Pater
Amerikaner
kennt keinen Pater Jonas
Als ich den Pater doch gefunden
der gerade den Kirchenraum verlässt
scheint er sich zu freuen
Er dankt für die Grüße und fragt
wo ich die Freundin kennengelernt
Dann entschuldigt er sich
hat keine Zeit

Vor der Kirche Regengüsse
Keine Lust zu Fuß zu gehen
um die schönste Frau zu sehen
als Mosaik in Stein gemeißelt
Nur schnell in den warmen Bus

Hügellandschaft in Untergaliläa
genannt Das Fünfte Evangelium
bezaubert

In **Nazareth** lebten Maria und Joseph
Früher ein unbedeutendes Dorf
heute die größte arabische Stadt und
kulturelles Zentrum für arabische Israelis
ob Muslime oder Christen
Seit Jahrhunderten leben sie meist
friedlich als Nachbarn miteinander
Doch zwischen den einzelnen Gruppen
schwelt der Konflikt und bricht
wieder und wieder aus
Religiöse und ethnische Identität
sind im heutigen Nazareth
besonders wichtig

Der Engel Gabriel verkündete Maria
in Nazareth die Geburt eines Sohnes
Jesus verbrachte dort seine Jugend
Die Verkündigungskirche von 1969
die größte im Nahen Osten
gekrönt mit kegelförmiger Kuppel
Marienbilder von Künstlerinnen
und Künstlern verschiedener Nationen
dem Ereignis der Verkündigung gewidmet
in jeweils landestypischem Stil
verschieden und eigenwillig
in Ausdruck Farbe Material
In den Neubau integriert wurden Überreste
einer byzantinischen Basilika

und die einer Kreuzfahrerkirche
Im Chorraum begrüßt uns ein Christus
mit ausgebreiteten Armen
im roten Gewand des Hohepriesters
Die Grotte der Verkündigung
liegt in der Unterkirche

Unsere Kleidung dampft als wir
die griechisch-orthodoxe Kirche
des heiligen Gabriel (1750) betreten

du denkst
du seist im paradies
das du verloren geglaubt
sehnsucht nach gott

nach fülle nach frieden
und was du noch
mit gott verbindest

duftende honigkerzen hundertfach
brennen auf kostbaren tabletts
unzählige silberne kerzenhalter
funkeln im dämmerschein
vergoldete ikonen in herrlichen farben
umrahmt von edlem schnitzwerk
mit gedrechselten säulen
an wänden unter bögen bilder
von heiligen märtyrern aposteln

gläubige begrüßen die ikonen
küssen sie bekreuzigen sich
und zünden eine kerze an
die ikonostase
grenze und verbindung
zwischen zwei welten
ein weiteres schmuckstück
in der mitte davor
der flammende kronleuchter
maria und erzengel gabriel
beide im goldgewand
durchscheinend der himmlische bote
der pantokrator in der kuppel
wendet sich vom himmelsgewölbe
uns erdenwesen zu

das kirchenschiff nach osten ausgerichtet
der aufgehenden sonne
der ankunft christi entgegen
im westen der verdunkelte vorraum
im westen die weltliche finsternis
durch die du eintrittst
die du mit dir trägst

die orthodoxe kirche als irdischer himmel
in dem du vergänglichkeit und finsternis
hinter dir lässt
für kurze zeit des verweilens
um gestärkt in deinem glauben
in die irdische welt
nach draußen zu treten

Im düsteren Inneren versteckt
die Quellgrotte
die Nazareth seit mehr als 2000 Jahren
mit Wasser versorgte
Nach griechisch-orthodoxer Version
fand dort die Verkündigung statt
Der Engel erschien Maria
als sie Wasser schöpfen ging

wer streitet sich noch
und um was in den
verschiedenen gemeinschaften
christlichen glaubens
will ich das wirklich wissen
ich fürchte es geht nur
um macht

Stärkung im Höhlenrestaurant
mit Felsbrocken im Rücken
und Plastiktischdecke vor uns
Motive aus New York darauf
Das warme Essen und Gespräche tun gut

Wollen wir bei dem Wetter
wirklich auf den **Berg der Verklärung**?
Zwar warten Taxis wie verabredet
der Sonntagsverkehr dagegen birgt
Hindernisse und Verspätung
Die Mehrheit der Reisenden bleibt gelassen
Ja wir versuchen es

Der Berg verborgen im Nebeldickicht
Wo finden wir die Kirche?
Wir springen über Wasserlachen
sind nass bis auf die Knochen
und folgen einem Schimmer
darin ein gedämpfter Ruf

Andächtige Stille
Der Weg hat sich gelohnt
In hellem Kalkstein erbaut
wirkt die Kirche der Franziskaner
erhaben in ihrer Schlichtheit
eines orientalisch-westlichen Stiles

Weit gespannte Bögen
teilen den Innenraum in drei Schiffe
das mittlere in eine Apsis mündend
mit Fensterbildern reich verziert

Das Markus-Evangelium dazu
Die Gewänder Jesu wurden
auf dem hohen Berg
vor den Augen der Jünger strahlend weiß
Sie sahen ihn reden mit Moses und Elija

Petrus wollte drei Hütten bauen
je eine für Jesus und Moses und Elija
Drei Hütten
Drei Schiffe der Basilika

Verklärung
was kann das bedeuten*?*
Klärt sich etwas in besonderer Weise?
Leuchtet es?
Ja sagt meine Erinnerung
Nähern Menschen sich Gott
dann leuchten sie in die Welt

Jesus ist der Ort wo Gott erscheint
sagen die Christen
An Jesus wird sichtbar wie göttlich der Mensch ist
sagen die Juden
Orthodoxe Mönche wollen die Welt und die Menschen
im Lichte der Verklärung sehen
im ursprünglichen Glanz wie sie von Gott gemeint sind

Plötzliche Hektik
beendet unsere Andacht
Etwas unsanft werden wir
als letzte Besucher
dazu mächtig verspätet
aus der Kirche hinaus gescheucht
Die Taxis müssen zurück

Das Abendessen Augenschmaus
und hoch verdiente Gaumenfreude
Falafel aus pürierten Bohnen
einige aus Kichererbsen
Kräuter darin Gewürze exotisch
serviert zu Humus und Fladenbrot
Falafel bei Juden und Arabern beliebt
Ein Salat aus Petersilie Bulgur
Zwiebeln und Tomaten
Olivenöl Zitronensaft
Köstlich ist der Tabuleh
In blanchierte Weinblätter
eingerolltes Lammhack
mit Zwiebeln Nüssen und Gewürzen
neben Kofta-Lammgericht
Die Leckereien am Buffet
sind mir neu und
variieren jeden Abend
Süß darf es auch
schon morgens sein
mit Schokoladen-Babka-Kuchen

Beim Gespräch in kleiner Gruppe
zum persönlichen Befinden
geht mir heute durch den Kopf
dass nach meiner Entscheidung in Tabgha
nicht teilzunehmen an der Kommunion
ein fegefeuerartiges Gefühl aufflammte

´Meine Schuld dass es so regnet`
Dieses Bröckchen Aberglaube
amüsiert die Hörenden
ist nicht jedem fremd
Doch verschwand meine Regung
am Morgen schnell
in Richtung meiner geliebten Oma
in ihren himmlischen Gefilden
Sie fürchtete als sie noch lebte
für sie sei Fegefeuer vorbestimmt
Das glaubte ich nicht und sagte ihr
dazu sei sie doch viel zu lieb
Was habe ich mir damals
unter Fegefeuer vorgestellt?
Kannibalisch war es jedenfalls
wie auf Gemälden alter Meister

was will ich hier
ich reise durchs land
fragezeichen
im kopf im innern
so ist es eben

`wie kann man nur´
gilt nicht

Momente
in denen in mir
etwas berührt wird

etwas mich aufwühlt
wenn Uta nach dem Lesen eines Textes
in ihren Worten
authentisch kritisch welt- und glaubensoffen
ihre Sicht nennt freundlich oft in Frageform
Die Begegnung mit Uta
ein Segen für mich

Tag 5 - Abschied vom See Genezareth
Ein Tag in der Wüste

Heute feiern
die arabischen Christen
Weihnachten

Sogar das Massiv des Hermon
ist bei strahlend blauem Himmel
schneebedeckt am Horizont auszumachen
als wir unser Kibbuz-Hotel morgens verlassen
Es liegt in der Nähe des Dreiecks
Libanon Jordanien Israel
Hinter der Grenze des Jordan

dessen syrischer Name Jarmuk ist
weht die jordanische Flagge
Noch 143 Kilometer bis Jerusalem
Auf beiden Seiten des Flusses Jordan
weiden Schafe auf fruchtbarem Boden
Irgendwo kreisen Raubvögel
in Scharen
Sie haben wohl Delikatessen erspäht

Das Gebiet des heutigen Israel
im Lauf der Jahrtausende besetzt von
Römern Griechen Arabern
Engländern Persern Türken
Kreuzfahrer hinterließen ihre Spuren

Felswüste rechts von unserer Route
schimmert im Sonnenlicht unwirklich golden
Kleine und große Hügel wie
Wellen neben- und hintereinander
Ich fühle mich wie und bin ja tatsächlich
in einer anderen Welt
über der für mich ein Zauber liegt
Kurz vor Jericho ziehen verstreut
einsame Hirten durchs Wüstengestein
mit kleinen Schaf- Kuh- oder Ziegenherden

Jericho 9000 Jahre alt
Wir fahren vorbei an der Oasenstadt

durch eine menschenleere Ebene
brüchig mit Gräben neben der Fahrbahn

An der tiefsten Stelle des **Jordan**
Jesus soll dort getauft worden sein
herrscht Hochbetrieb an Pilgern international
Wie wir in Gruppen mit Bussen herangefahren
schwärmen sie aus um in einem Laden
ein weißes Kleid mit buntem Aufdruck mitzunehmen
Vermutlich lautet der
Bin im Jordan untergetaucht
Habe mich getauft oder dergleichen

Menschen in kurzen Kleidern
langen Gewändern langen Hosen
in Shorts mit Hijab oder ohne Kopfbedeckung
steigen die Treppen zum Fluss hinunter
gleiten vom Rand her ins Wasser
hüpfen steigen hinein bis zur Hüfte
tauchen unter manche mehrfach
tauchen auf und lächeln selig
Einige singen andere tanzen
Gruppen beten miteinander
Nicht zu vergessen
Selfies auch im Wasser

Die Grenzlinie zu Jordanien im Fluss
ein Seil mit gelber Plastikmarkierung
Auch Zäune in der Wüste zeigen
die Grenze an
Soldatinnen sind vor Ort so jung
Ich frage mich ob sie überhaupt mit
Waffen ausgerüstet sein dürfen
diese Kinder
Nach der Schule gerade siebzehn
müssen alle Israelis Militärdienst leisten
Ob sie danach wenn sie im Ausland
ein Jahr oder längere Zeit verbringen

verarbeiten können was sie vorher erlebt?

Am gegenüberliegenden Ufer
auf der jordanischen Seite
eine Kirche
Farben der Wüste

drüben im schilf
dort sehe ich ihn
in langem gewand und in sandalen
kommt jesus den pfad hinunter
zieht sie am rand des gewässers aus

tritt vor johannes in den schlamm
und wird von diesem getauft
dort sehe ich ihn

Eine Wolkenflamme strebt
aus dem lichten Wolkenmeer
über das Sonnenfeuer hinaus
in die Unendlichkeit
Dreimal tauche ich meine Hand
in das Wasser des Jordan

in der tiefe
der grund
meines lebens
ich bin geliebt

Eintritt in eine neue Welt
Taufe
Erfahrung eines neuen Anfangs
Ist es das
was Menschen hier suchen?
Ist es das
was ich hier suche?

Durch die stille weite
Wunderwüstenwelt Judäas
zum **Wadi Qumran** und dessen Geschichte

Im Frühsommer 1947
machte ein beduinischer Hirte
bei der Suche nach einer Ziege
eine spektakuläre Entdeckung
In einer Höhle nördlich des Wadi
fand er Krüge aus Ton
darin neunhundert Schriftrollen
aus Häuten von Ziegen und Schafen
Es waren die ältesten Manuskripte
der Bibel erhalten aus der Zeit
vom ersten Jahrhundert vor
bis zum ersten Jahrhundert nach Christus

Ein Film erklärt deren Entstehung
und dass Essener die Autoren
Ihre Angst vor fremdem Zugriff
auf die Schriften
und deren Vernichtung in Folge
führte dazu sie in Höhlen zu bergen
in der Einsamkeit der Wüste

Die Gruppe beim Vortrag verlasse ich
möchte allein
die Stille der goldenen Felswüstenlandschaft
vom Sonnenlicht geflutet
genießen

In Felsenwänden weit entfernt
dunkel die Höhleneingänge
Drei Menschlein auf dem Weg dorthin
Großartig die Natur
der nichts entgegenzusetzen
Auch menschliche Gewalt
wird sie auf Dauer nicht zerstören
Oder ist das nur mein inniger Wunsch?
Hoffnung auf Einsicht
in unsere Begrenztheit*?*

Ein gelbes Schild fällt auf nicht groß
doch groß die schwarze Schrift
NO DRONE ZONE
in all Wilderness Areas
Durchgekreuzt die Drohne
wie eine Warnung vor Gift

Durch die Jordan-Ebene bis zum **Toten Meer**
wo es gefühlt Hochsommer ist
sehr angenehm nach all dem Regen
Ein Badepark Umkleidekabinen
Toiletten Restaurants in Fülle
Palmenhain und Blütenpracht
inmitten dieser Wüste
Tourismus pur im Januar

Das Tote Meer traumhaft türkisfarben
unter dem Himmel über Wüstengestein
Der Salzgehalt bis achtmal höher
als jener in den Ozeanen
Doch ist der See in diesem Januar noch
75 Kilometer lang und 15 Kilometer breit?
Entnahme von Süßwasser aus
dem Zufluss Jordan ließ ihn
erschreckend schrumpfen
Badekuren
kaum noch angeboten
auch Badestellen reduziert
Wir sehen an einigen Stellen
von welcher Höhe abgesunken
der tiefstgelegene See der Welt
Und jedes Jahr geht es mit ihm
etwa einen Meter abwärts

Salzkristalle an den Uferrändern
Doch meine Badeschuhe
zuhause für diesen Ort gekauft
sind von Vorteil ich rutsche nicht
So mancher Badegast hat ein Problem
rutscht barfuß aus und fällt
Harte Blöcke von Salzkristall schimmern
in fein marmorierten Mustern
über und unter dem Wasser
Glitschig und kratzig der Weg darüber

Ich habe festen Halt und tauche
meine Hände in das Wasser
gehe bis zu den Knien hinein
Ein paar Minuten stehe ich dort
Jordaniens Bergwüste am Ufer gegenüber
Vor mir Menschen auf dem Rücken
im Wasser liegend ungläubig lächelnd
weil es sie trägt
Wer sich auf den Bauch dreht
wie einer von uns
der die Warnung auf keinen Fall das zu tun
nicht ernst genommen hat
muss alle ihm mögliche Kraft aufwenden
um Kopf dann Körper im Wasser zu drehen

Dunkelbraun eingeschlammt
mit gesundem Matsch
in der Hoffnung auf Heilung erkrankter Haut
laufen oder liegen Menschen im Sonnenschein
Manch einer füllt sich das kostbare Nass
aus dem Toten Meer in Flaschen ab
Erinnerungen an Lourdes

Meine Haut wie neu so herrlich geschmeidig
fremde wohltuend heilende Hülle
Glücklich bin ich

genieße die Wärme
fröhliche Gesichter
und trinke zum ersten Mal
aus vier Granatäpfeln für ein Glas
frisch gepressten Granatapfelsaft
himmlisch fruchtig

Mit der Bibel im Land der Bibel
So erfahren wir im Bus
Diese Umgebung so lebensfeindlich
habe wahrscheinlich zur Bibelgeschichte
von Sodom und Gomorrha geführt

Die Fahrt zum **Wadi Qelt**
der tiefen Schlucht beim **Kloster St. Georg**
verschlägt mir den Atem
Warmes Licht der untergehenden Sonne
vergoldet weiche Buckel wie von Walen
in der grandiosen Felsenwüste
Serpentinen schlängeln sich durch das Gold
Tiefe Schluchten bringen Schwarz ins Bild
Bisher wusste ich nicht
dass Israel etwa zur Hälfte
aus Wüstenlandschaft besteht

Kurzer Spaziergang den Berg hinauf
eng der Pfad
rings umher wildromantische Schönheit
Unglaublich
dort unten in der Schlucht gegenüber
wie ein angeklebtes Schwalbennest
auf Felsvorsprüngen und in Felsen gehauen
das Kloster St. Georg
aus dem fünften Jahrhundert
Verborgene Höhlen der Schlucht
wurden von ersten Einsiedlern
bereits in Zeiten frühen Christentums bewohnt

Wie konnte dort gebaut werden?
Wie kann man überhaupt dort hin gelangen?
Wer kann dort leben
und wie wird man versorgt?
Grün leuchten Bäume in der Schlucht

Sie müssen sehr genügsam sein
So wie die Mönche
die vor Hunderten von Jahren begannen
die malerische karge Gegend zu beleben
In manchen Höhlen siedeln heute Eremiten
Was trieb Mönche in die Wüste
wie damals es auch Jesus geschah?
Falschen Werten wie Dämonen
den Kampf anzusagen war ihr Versuch
Denn dort wo nichts dich ablenkt
wo ganz allein du bist
dort wirst du den Dämonen
direkt ins Auge sehen
und zeigen werden sich dir Mächte
die Welt und Mensch beherrschen
Mönche gaben ihnen Namen
Reichtum Macht Sex Selbstmitleid
Wut Verzweiflung Ruhmsucht Stolz
In der Einsamkeit der Wüste
von solchen Zwängen frei zu werden
das glaubten und das hofften sie

ob es dir ähnlich ging
jesus

die wüste in mir
lässt mich gott entdecken
scheinbar tote umgebung
ruft nach licht

meine wüste verlangt
schreit
verbindung
die wüste in mir
lässt mich gott entdecken

ein punkt im blau
des firmaments bin ich
ein sandkorn
ein hauch
der nächtlichen kälte
ich
mit allem eins

die wüste in mir
lässt mich gott entdecken
in mir
wo er ewig war

ob es dir ähnlich ging
jesus

Die Sonne sinkt und ich bin dankbar
für einen Sonnentag
und diese grandiose Landschaft

Jerusalem die weiße Stadt
kurz nach dem Sonnenuntergang

Nicht etwa auf Eseln sondern im Bus
ziehen wir einen der Hügel hinauf
zu einem Aussichtspunkt
Warm leuchtend begrüßt uns das Abendlicht
über Kuppeln Minaretten Kirchtürmen
Sonnenkollektoren und Wasserreservoirs
in einer Kulisse von Wohngebäuden
errichtet aus syrischem Kalkstein
In diese Aussicht hinein
vernehmen wir Worte des Evangeliums
vom Einzug Jesu in diese Stadt

Jerusalem heutige Hauptstadt Israels
Schauplatz einer Jahrtausende währenden
wechselvollen Geschichte
in diesem Land mit kontrastreichen Landschaften
Küsten entlang des Mittelmeeres
welche die Bergwelt nicht ahnen lassen
Wüsten und fruchtbare Ebenen
mit großen Höhenunterschieden
Jerusalem achthundert Meter
über dem Meeresniveau
das Tote Meer vierhundert Meter unter
dem Meeresspiegel

Jerusalem weltgeschichtlich bedeutend
als heilige Stadt
der Juden Christen und Muslime

Unlösbar erscheinen ihre Probleme
Muslime sie ertragen nicht
die Wein trinkenden Juden und Christen
Juden und Muslime
verabscheuen Schweinefleisch
das die Christen essen
Christen und Muslime
verstehen die strikte Trennung nicht
von Milch- und Fleischküche bei den Juden
Muslime Juden Christen
sie beten nicht am selben Ort
Die einen gehen zur Kirche
die anderen in die Synagoge
Muslime beten in Moscheen
Christen stellen dem Einen und Einzigen
an die Seite einen Sohn
Für orthodoxe Juden und Muslime
ist Christus inakzeptabel

Die Auswahl am Abendbuffet sehr köstlich
in unserem Hotel im arabischen Viertel
bei dem auch die Süßspeise Baklava lockt
aus Blätterteig
geschichtet mit Nüssen
mit warmen Sirup übergossen
Diese köstliche Süßigkeit
wird zu jeder Tageszeit genossen
Ist das nicht wahre `Götterspeise´?

Danach ein erster Gang zum golden
beleuchteten Damaskus-Tor
mit Pechnasen Relief-Medaillons und Türmchen
der Anblick märchenhaft
Dort endet das Viertel der Christen
und das arabische beginnt
Reges Treiben herrscht vor dem Basar
Beduinische Frauen räumen ihren Platz
Sie werden morgen wieder dort hocken
Gemüse und Kräuter anbieten

Jerusalems Altstadt
UNESCO-Weltkulturerbe
umgeben von einer Mauer
auf der man spazieren gehend
über die Dachlandschaft schauen kann

Jüdische Menschen aus aller Welt
und verschiedenen Kulturen
leben in dieser Stadt
die aufgeteilt in Viertel
arabisch armenisch christlich jüdisch
Die Menschen verschiedener Religionen
gehen meist friedlich miteinander um
Thora, Bibel und Koran bestimmen
das Leben im Staat und des Einzelnen

Heidentum abgelehnt und Heiden verfolgt
Und doch übernahmen die drei Religionen
Elemente von heidnischen Vorgängern
Sie alle benutzten Abraham
um die eigene Form des Glaubens

als die ursprünglichste darzustellen
und jeden Zusammenhang zu heidnischen
Wurzeln zu kappen
obwohl Ausgrabungsfunde anderes beweisen
Das Judentum hat seit dem zweiten Jahrhundert
aus Abraham den ersten Juden gemacht
der Götzenbilder seines Vaters zerstörte
gewissenhaft nach der Thora lebte
Zum ersten Christen hat Paulus den Abraham gemacht
Mohammed hielt dem entgegen
müßig sei der Streit über Abraham
da Thora und Evangelium erst nach ihm entstanden
Abraham sei vielmehr ein Muselman
wurde von Mohammed behauptet

Die Autoren des Neuen Testamentes
übertrugen mythische Vorstellungen
antiker Völker auf Jesus denn
als außergewöhnlich sollte er gelten

Wir sind vom Laufen durstig geworden
Vorbei an arabischen Läden geht es
an Straßenständen mit Obst und Gemüse
Wir kaufen ein paar Flaschen Wasser

Tag 6 - Ein Tag für drei Religionen

Im Halbschlaf
Gesänge der Muezzins
Wachet und betet
geht mir durch den Kopf
Sagte das nicht Jesus vor seinem Tod
im Garten Gethsemane?
Geschlafen hab ich am Nachmittag
körperlich und geistig erschöpft
bis zur leichten Übelkeit
gefühlt totale Erschöpfung
nach einigen Tagen fern von zuhause
Das kenne ich von anderen Reisen

Ich blicke zurück auf den heutigen Tag:

Am Morgen singen wir Weihnachtslieder
mir aus der Kindheit noch vertraut
Bewegende Erinnerungen steigen kurz auf
Ein köstliches Frühstück mit arabischen Speisen
deren Namen noch unvertraut

Wir treten durch das **Damaskus-Tor**
ein in den arabischen Markt
Trotz früher Stunde sehr belebt
der orientalische Souk

mit Düften Farben
unüberschaubarer Vielfalt an Waren
Dicht gedrängt die Menschen
verschiedenster Herkunft
aus allen Kontinenten
Stimmengewirr die Händler brüllen
preisen in ihren Sprachen Waren an
Männer sitzen in kleinen Gruppen
genießen Kaffee mit Kardamon
oder rauchen Wasserpfeife

Enge Passagen Licht- und Schattenspiel
Die Sonne blendet und öffnet unvermutet
Sackgassen wo Bewohner der Stadt

hinter hohen fensterlosen Mauern
ihre Behausungen verbergen

Wir nähern uns der Grabeskirche
In einem Hof des riesigen Gebäudes
schreitet ein hagerer Mann auf und ab
hochgewachsen mit grauem Bart
Im schwarzem Gewand
und langem weißen Schal
auf dem Kopf eine weiße Kappe
zieht er unsere Aufmerksamkeit an
Ein orthodoxer Priester aus Äthiopien?
Kameras Handys werden gezückt

Doch möchte niemand
dass er es merkt
Wir Touristen

Er macht sich vielleicht einen Spaß mit uns
schreitet den Hof ab
in fotogener Haltung
verschwindet mal ist wieder da
Und plötzlich schaut er zu uns her
setzt sich auf einen Schemel
und zieht unter dem langen Gewand
ein Handy hervor
Doch nein
er fotografiert uns nicht

Die **Grabeskirche Anastasis**
auch Auferstehungskirche genannt
Sechs Konfessionen wachen über
das kolossale Gebäude
das mehrfach Anbauten erhielt
auf verschiedenen Ebenen
etwa dreißig Kapellen
christlicher Religionsgemeinschaften

Über eine Außentreppe
gelangt man nach *Golgatha*
einst Müllberg außerhalb der Stadt
Kreuzigungen auf dem Hügel
sollten der Abschreckung dienen
Golgatha
tatsächlich eine *Schädelstätte*

Vor der Kirche keine Schlange
Das sei äußerst selten sagt Uta
Doch in der Kirche stolpere ich fast
über Menschen am Salbungsstein
Jesus soll dort vor seiner Grablegung
mit kostbarem Öl gesalbt worden sein
Gläubige weinen und werfen sich über
den Stein sie küssen ihn beten
begießen ihn mit Öl
unter den Augen heiliger Ikonen
Kerzen brennen in silbernen Gefäßen
werfen ihr weiches Licht
auf ein goldglänzendes Mosaik
Jesu Leichnam wird
vom Kreuz abgenommen
gesalbt und in ein Grab gelegt
Ein süßlicher Duft wie Honig
wie Weihrauch verströmt
vom Lichtermeer aus Kerzen über
dem Eingang zum leeren Grab Christi

um das die Menschen Schlange stehen
unter prächtigem Leuchter
Das Grab berühren
sie wollen ihm nahe sein
und hoffen auf Heilung Gnade Erlösung
und was auch immer mit solchen
für Gläubige heiligen Orten
verbunden sein mag
Ewiges Licht glüht wie mancher Glaube

Werke von Kunstschaffenden aus aller Welt
von Trauer gezeichnet erhaben rätselhaft
Sichtbare Hingabe an das was sie glauben

Eine trostlos wirkende Baustelle
inmitten oder am Rande
des verschachtelten Kirchengebäudes
Ich habe die Orientierung verloren
Mit Folien verhangene Gerüste
Eimer Schutthaufen raue Wände
kein Mensch geht hier durch
Doch dort in der Ecke eine Gestalt
Eine Frau ganz in Schwarz
an einen großen Felsbrocken gelehnt
weint bitterlich
Welches Leid wird sie
dem groben Stein wohl anvertrauen?
Auf seinem Weg zum Kreuz
sei Jesus dort mit Geißeln
besonders schwer gepeinigt worden
so der Glaube
Mit leisen Schritten gehe ich vorbei
über Steine uneben gespalten
In einer anderen Kapelle Wände
übersät von kleinen Kreuzen
Dünne Wachskerzen flackern
dicht an dicht gesteckt
auf Trägern eines Stahlkorsetts

Man glaubt
Es soll so gewesen sein
Und was stimmt?
Dazu sagt unsere Reiseleiterin:
„Wenn man sich fragt
was wirklich stattgefunden hat
so gibt es eine Antwort
Nur Geografie ist sicher
und sonst nichts
Und manchmal gibt es eine Verbindung
zwischen dem geographischen Ort
und den biblischen Texten
Da hilft die Archäologie uns weiter"

Unterschiedliche Religionen glauben hier
die eine Erwählte zu sein
Politischen Anspruch rechtfertigen sie
oft mit Archäologie und Geschichte
Doch was bei einer Ausgrabung erhalten
und was davon zerstört wird
ist stets Ergebnis einer Vorentscheidung
politisch oder religiös-ideologisch
Man sieht nur was man sehen will

Die Wirklichkeit der Auferstehung
historisch natürlich nicht nachzuweisen
Die Forschung über den historischen Jesus
geht davon aus

dass weder Wunder er vollbrachte
noch freiwillig gestorben ist
und niemanden erlösen wollte
Den *Wunderheiler* hat als erster
Apostel Paulus schriftlich verbreitet

Wie kann man Auferstehung
vielleicht verstehen?
Ich habe nachgefragt
Von Auferstehung spricht jemand
als „ ... ohne Schritte
ins ganz Andere schreiten ...
Gott schält mich aus mir
ergänzt mein Selbstsein ewig ..." [6]

„Es bleibt letztlich Geheimnis"
flüstert jemand aus der Gruppe
und möchte es dabei belassen

im dunkel meines tunnels
das gefühl
sicher begleitet zu gehen
am ende das licht
neues leben
im leben geschenkt

Unendlich viele Menschen kommen
an Stätten des Glaubens zusammen
Sie folgen ihnen bekannten Ritualen
jede und jeder auf eigene Art glaubend
und bilden eine friedliche Gemeinschaft
Leid Freude und Hoffnung vereinen
wenigstens dort

mitten unter ihnen
fühle mich entfernt
und nehme auf
was ich als ihres wahrnehme
als mir fremd
in der art der äußerung
jedoch vertraut
in der inneren haltung
glaube an höheres
größer als ich
hoffnung auf
was
ist liebe
die größte dynamik
des universums

In einer der Kuppeln der Pantokrator
Alle Bögen darunter verziert
mit kostbaren Bildern von Heiligen
Süßlicher Duft schwebt ihnen entgegen

Zur Auferstehung
draußen eine andere Stimme
unter der Treppe die
nach Golgatha führt
„Auferstehung ist wie
noch einmal geboren werden
Erst geboren in das irdische Leben
an dessen Ende geboren
ins himmlische Leben
Wieder durch einen Tunnel
wieder das Kommende nicht ahnend
Die Schleier werden fallen
wie der Vorhang im Tempel zerriss
Friede und Glück von Dauer
in der Nähe dessen an den
ich glaube
Nicht mehr ich
und doch"

Internationales Gewusel
Kleine Mädchen in langen Gewändern
wie Burkas
das Gesicht aber unverschleiert
Ob sich arabische Christinnen so kleiden?
Jüdische Mädchen in Uniform
Weiß-Schwarz-Grau
Äthiopische Christinnen in weißen Gewändern
tragen dazu weiße Schleier

Kritik und Enttäuschung
bei einigen Mitreisenden
Die Kirche sei nicht prächtig genug
nicht imposant kein Vergleich mit Rom
Kein Kommentar dazu von mir

Es überrascht
in einer Metropole
kaum
aber
Sachertorte in Jerusalem
Erwartet man doch
in der Ferne
eher das Fremde
Im Österreichischen Hospiz
genießen wir Torte und Kaffee Melange

Die Altstadt von Jerusalem erreicht man
durch Tore im Mauerring
etwa das Herodes-Tor
durch das Jesus zum Palast
des Herodes geführt worden sein soll
Das Goldene Tor von den Osmanen zugemauert
um zu verhindern dass der Messias
nach jüdischem Glauben
durch dieses Tor zurückkehren könnte

Im jüdischen Basar neben Schmuck
und exotischen Früchten
Landkarten und Flaggen von Israel
Gegenstände und Kleidungsstücke
für den religiösen Bedarf der Juden
Schneider arbeiten vor Ort
Für Touristen angeboten Holzfiguren
von Engeln und Heiligen
Menora-Leuchter aus Bronze

Die **Westmauer**
das Heiligtum der Juden
mir bekannt als Klagemauer
ist äußere Mauer der damaligen Umfassung
des herodianischen Tempelplatzes
In der Menge der Wartenden
vor dem Eingangsbereich
wo gründliche Kontrolle erfolgt
zwei kleine Jungen mit Kippa
Wie fröhlich geduldig der Ältere
sich von dem Jüngeren necken lässt
Warum sage ich Klagemauer?
Bisher habe ich es nicht anders gehört
Doch erfahre ich hier
dass Christen die Mauer oft so nennen
weil sie es nicht anders kennen
Oder in der Zerstörung des Tempels
die Juden hier betrauern
eine Art göttliches Strafgericht sahen
für die Ablehnung Jesu durch das jüdische Volk
Das ist Antisemitismus

Der heutige Platz entstand
nach dem Sechstagekrieg und
der Einnahme der Altstadt durchs Militär Israels
nachdem das arabische Maghrebiner-Wohnviertel
komplett zerstört worden war

Männer und Frauen beten
getrennt an der Mauer
die der Verehrung Gottes dient
Dort soll man Gott am nächsten
und er anwesend sein
Und auch als Briefkasten fungiert sie
In unzähligen Ritzen stecken Zettel
mit den Bitten vieler Glaubender
Mit Plastikhauben schützen
manche der orthodoxen Männer
ihre schwarzen Hüte vor Regen

auf dem weg
in den bereich der frauen
hält etwas in mir mich auf
weit hinter den weinenden
bleibe ich stehen
höre ihr beten ihr klagen
etwas bremst mich aus

Von dort zum **Tempelberg Moriah**
der drei Religionen heilig ist
Die goldene Kuppel des Felsendoms leuchtet
auf dem alten Platz des ursprünglichen
Tempels der Juden
Warum heißt er Dom und ist doch Moschee?
Mohammed soll von dort - auch er?
aufgefahren in den Himmel sein

Unter dicken Wolken
verblassen die Hügel Jerusalems
Nicht weit entfernt findet ein Sonnenstrahl
den Weg auf die silberne Kuppel
der Al Aqsa Moschee

Enge Gassen voller Menschen
auf dem Weg zurück
Knallbunte Süßigkeiten
Plastikspielzeug Stoffe Schmuck
Granatäpfel zum Anbeißen
Wohin zuerst gucken
im quirligen Basar?

מעשה אורג

Tag 7 – Palästina
Vom Berg des Paradieses nach Battir und Bethlehem

Im Jerusalemer Winter kann man nur frieren
Von wegen heißer Süden
Was haben wir geglaubt?

Vorbei an Hügeln mit Häusern wie Kästen
Häusermeere bebaut so dicht
dass man an Luftnot glauben könnte
Auch auf Palästinenser Gebiet
sehen wir solch hässliche Bauten
auf Hügeln die ehemals grün
In den besetzten Gebieten erkennt man
die arabischen Siedlungen daran
dass sie gewachsen sind
wie unsortiert an Hängen
und auf Hügeln liegen
Dazwischen in Reih und Glied
setzten Israelis Häuser
geplant und unbewohnt
mit leeren Fensteraugen

Auf dem **Berg des Paradieses**
weithin sichtbar thront
die **Burg Herodion**
Früher beeindruckendes Bauwerk
des Königs Herodes

Um 20 vor Christus errichtet als
Erinnerungsbau Festung Mausoleum
und Repräsentationspalast
Der ungeliebte König wählte
einen Ort mit wunderbarem Panorama
Bethlehem und grüne Landschaft
Jerusalem und die judäische Wüste
mit kahlen weichen Bergrücken
Das Blau des Himmels spiegelt sich
im Toten Meer nach Süden und Osten

Wir steigen kurz hügelan
und frieren selbst im Sonnenschein
Mütze Strumpfhose dicke Kleidung
wie bin ich froh darüber
Ein scharfer Wind wütet ich fürchte
er könnte mich wegpusten
in einem Wuschschsch
den steilen Abhang hinunter

Herodes kam mithilfe der Römer
um 40 vor Christus an die Macht
ließ prächtige Paläste bauen
darunter das Herodion
Er bat seine Frau namens Salome
nach seinem Tode wichtige Männer
im ganzen Lande töten zu lassen
Alle Familien sollten trauern
wenn schon nicht um ihn
den ungeliebten Regenten
In den letzten Jahren seiner Herrschaft
wurde Jesus dort geboren

`Biblical Bookmarks´ kleine Geschenke
Motive wie das Moses-Körbchen
Noahs Arche fein gezeichnet
Ein Fisch und zwei Brote
Symbol von Tabgha

Im kalten Wind rauchend
der Busfahrer
lächelt plötzlich süffisant
eine Mitreisende an
Er brauche noch eine
jüngere Frau
als die in seinem Haus
Ob sie nicht

Wortlos wenden wir
uns ab

Bei Bethlehem besuchen wir
das arabische **Dorf Battir**
an der Grünen Linie liegend
Die Grenze in der Landschaft
festgelegt von Israel

Berühmt die Auberginen des Dorfes
Auch Wein wird angebaut
Mühsam die Olivenernte
Früchte werden einzeln gepflückt
erzählt der arabisch-muslimische Bauer
bei unserer Führung durch das Dorf
Er wird von einem Jungen stolz begleitet
der ist etwa zwölf Jahre alt
Sein Englisch klingt perfekt

Das fällt uns auf wir fragen ihn
Er lebt in Kanada und ist
für Ferien ins Dorf gekommen
hilft seinem Onkel und er möchte
wie dieser Fremdenführer werden
Sein Onkel lächelt
Der Junge wirkt älter enorm informiert
sehr interessiert und kann erstaunlich gut erklären

Beim Gang durch das UNESCO-Dorf
fallen mir Armut und Dreck ins Auge
Sieben Katzen tummeln sich
im überquellenden Müll einer Tonne
Häuser alt und angegriffen
mit Einschusslöchern unübersehbar
Wer weiß was alles hier passiert ist
Das Dorf als Weltkulturerbe gefördert
Wird doch noch traditionell produziert
und zweitausend Jahre alte Systeme
werden verwendet zum Bewässern

Im Haus einer großen Familie
das auch als Museum dient
führt der Besitzer als Kooperative
den kleinen Laden fürs ganze Dorf
was hier als besonders gilt
Frauen die wir nirgendwo sehen
dürfen von ihnen hergestellte Waren

über den Ladeninhaber verkaufen
Er zeigt mir dann Details
als ich ein Geschenk gefunden
Für jede Frau gibt es eine Art Kasse
Das heißt verstaut in einer Schublade
befinden sich Schachteln aus Pappe
je eine kleine für jede Frau
Zum Abrechnen wird auf einem Zettel
notiert zu welchem Preis ein Produkt
den Laden und das Dorf verlässt
Den Frauen wünsche ich inständig
dass es zu ihrem Vorteil funktioniert

Spaziergang über Terrassenhänge
Apfelsinen- Zitronen- Olivenbäume
Kürbisgewächs aller Art und Wein
An einer Bahnstrecke geht es vorbei
Sie verläuft in der Senke zwischen den Hügeln
daran entlang ein Zaun
Das Land dahinter gehört Israel
Die Bewohner von Battir
dürfen den Zug nicht nutzen
der direkt am Dorf vorbeifährt
Tel Aviv und Jerusalem verbindet
Der Zaun soll sie hindern
die Grenze zu überschreiten

Auf der Seite gegenüber
mitten im merkwürdig lichten Wald
wie verloren ein weißes Auto
Israelische Wachposten
Dort auf dem Hügel in Flecken und Streifen
wachsen sehr unterschiedliche Bäume
Der Verlauf des Bestands zeigt an
wie weit Israelis in Kämpfen und Kriegen
das Land Palästinas verwüstet
erobert oder besetzt haben
und danach neue Bäume pflanzten
Die Menschen des Dorfes fühlen sich
stark eingeschränkt sagt uns der Bauer
Die Lebenssituation macht Angst
Eine Bewegung in Richtung Frieden
sehen die Dorfbewohner nicht

In **Bet Jala**
einem Teil von **Bethlehem**
betreten wir ein großes Wohnhaus
fürs Gespräch mit Frau Faten Mukarker
Die Frau ist in Deutschland aufgewachsen
als christliche Palästinenserin
nachdem ihre Eltern aus Palästina geflohen
nach Deutschland Ende der vierziger Jahre
Mit dem Kontakt zu deutschen Touristen
schuf sie sich nach ihrer Rückkehr zuhause
einen kleinen Nebenerwerb

Und schrieb ein Buch über ihre Erfahrung
als arabisches Mädchen in Deutschland
in dem ich später lese
wie notwendig die Idee
für ihren Lebensunterhalt war und ist

An ihrer Stelle begrüßt uns die Tochter
Die Mutter ist heute verhindert
Jung und selbstbewusst lässt uns die Frau
ihren Namen „typisch deutsch" erraten
Wir aber raten nur falsch
Sie heißt Ursula und berichtet
bei einem köstlichen arabischen Menü
dass ihre Mutter dem einzigen Sohn
einen arabischen
und ihren Töchtern deutsche Namen
wegen der guten Erinnerungen gab
Ursula bestätigt was die Familie
bedeutet im Leben der Araber
Alles
Die Ehre eines riesigen Familienclans
verletzt beschmutzt durch eine Tochter
die zum Beispiel Minirock trägt
Und Schande bringt sie der Familie
wenn sie keinen Sohn gebiert
So fühlt auch Ursula den Druck
Hat sie bisher zwei Töchter doch geboren
Söhne sorgen für Sicherheit

der eigenen Mutter und deren Großfamilie
Die Frau hat keine Meinung zu haben
Alles wird vom Mann bestimmt
Der Onkel darf ein Kind gar schlagen
geht es um Familienehre
Der Vater des Kindes würde nichts tun
selbst wenn er daneben stehen würde
Die Heirat wird von den Eltern geregelt
der Partner oder die Partnerin
von ihnen und der Verwandtschaft gewählt
Die Großfamilie bietet dafür
Halt Vertrautes Hilfe
unterstützt bei Krankheit und Trauer
Dann sorgen die Verwandten
für Essen und für Trost
Gemeinsam werden Feste gefeiert

christliche araber
minderheit in palästina
ausgesetzt
dem misstrauen der muslime
sie tragen als zeichen
ein kreuz

Ursula hat in Deutschland studiert
und wollte in ihre Heimat zurück
dem Schrumpfen ihrer Bevölkerungsgruppe
etwas entgegensetzen

Denn in dem kleinen Gebiet Palästinas
gibt es für junge Männer kaum Arbeit
unter den unwürdigen Lebensbedingungen
Sie verlassen ihre Heimat
meist mit schlechten Chancen
und leben in aller Welt
Ursula stellte beim Heimkehren fest
mit ihrem Studium aus Deutschland
konnte sie in Palästina nichts schaffen
So studierte sie Psychologie
mit Schwerpunkt Traumatherapie
Sie bietet traumatisierten
Palästinensern Hilfe an
auch wenn zur Zeit die Traumata
nicht beendet werden können
weil die Menschen unaufhörlich
belastende Situationen erleben
Sie arbeitet mit fünf Frauen
zusammen in einer Praxis
„Männer interessieren sich
für Gefühle nicht"
sagt sie augenzwinkernd
Sponsoren helfen finanzieren
Auch wir werden um Spenden gebeten
und darum die Bitte weiterzuleiten
Die Organisation heißt
Wings of Hope for trauma

beth-lehem
haus und brot
haus des brotes
dort könnte man
satt werden
von christus leben
sagen
die gläubigen

Meiner Ansicht nach wäre auf jeder Seite
solcher im Hass gefangenen Parteien
Trauma-Bewältigung ein Segen
Vielleicht wächst langsam ein Bewusstsein
dafür in diese Richtung
Hoffnung auf eine politische Lösung
haben beide Seiten kaum
Doch im Leben vor Ort das zu tun
was menschenmöglich ist
und friedensfördernd
das ja
Respekt vor jedem Menschen sei der Anfang
sagt Frau Ursula Mukarker

Dorothee Sölle ruft dazu auf
nicht das krasse Entweder-Oder
Ich-oder-Du zu leben
wie
„angst haben oder angst machen"

sondern es Jesus gleich zu tun
„Lasst uns die neuen wege suchen
wie brauchen mehr phantasie
als ein rüstungsspezialist
und mehr gerissenheit
als ein waffenhändler
und lasst uns die überraschung benutzen
und die scham
die in den menschen versteckt ist" [7]

Juden mit Arabern friedlich in Nachbarschaft
auch das gibt es in Israel
Wir erfahren nichts davon in unseren Medien
Könnte das beabsichtigt sein?

Dürrenmatt hat beschrieben
dass man „bei einem Besuch
dieses Landes den Konflikt zwischen
Palästinensern und Juden
nicht mehr versteht,
weil einem doch das friedliche Zusammenleben
beider Völker täglich vorgelebt wird:
in der ´Wirklichkeit`,
die für die Ideologen nicht existiert." [8]

Das Thema Israel - Palästina
ist komplex verwirrend und traurig
Unendlich vieles weiß ich nicht

Verstehen im Sinn von nachvollziehen
kann ich es häufig auch nicht

Sweet Occupation nennt *Lizzie Doron*
ihr erschütterndes Plädoyer
für neue Wege in der Politik
Sie führte Gespräche mit einigen
Menschen der `Combatants for Peace´
Die Organisation von ehemalig
feindlichen Kämpfern auf beiden Seiten
setzt sich seit 2006 gewaltfrei für
ein Ende der israelischen Besatzung ein
Die Menschen sehen die Sinnlosigkeit
von Heldentum und gegenseitigem Töten
Sie glauben es sei nicht Bestimmung
ewig in diesem Konflikt zu leben
Der Teufelskreis aus Mord und Rache
Gewalt Vergeltung Strafe
muss durchbrochen werden
sonst wird es nur Verlierer geben[9]

Ein Gespräch mit ihnen haben
einige von uns gewünscht
Im Reiseplan ist das nicht vorgesehen
Vermutlich widerspricht der Wunsch
diversen Interessen dieses Landes

Was geschieht in einem Menschen
der erkennt
wie als Kind gedrillt er wurde
auf Vorurteile auf Erziehungsideale
seines Staates und auf dessen Feinde
die alles Leid verursacht haben sollen?
Was geschieht wenn Menschen
mit dem Hass sich konfrontieren
der ihnen eingeimpft wurde?
Mit der Angst vor der Begegnung
mit `dem Feind´?
Ist Perspektivwechsel dann möglich?
Die Notwendigkeit zum Neubeginn
wird von Menschen beider Ländern gesehen

Zur Gründung des Staates Israel in Palästina
als eine der Ursachen des Dauerkonfliktes
füge ich einige Daten ein

1944/45 kämpft die jüdische Brigade mit den Alliierten

1946 fordert Präsident Truman die Teilung Palästinas und
Gründung eines jüdischen Staates

29. 11. 1947 Gegen den Widerstand der Araber teilt die
UNO Palästina in einen arabischen und einen jüdischen
Teil und erklärt Jerusalem zur internationalen Stadt

14. 05. 1948 Ben Gurion ruft mit Verkündigung der
israelischen Unabhängigkeit den modernen Staat Israel
aus und wird erster Ministerpräsident
Unruhen Anschläge Kriege folgen

Vom Judentum lerne ich
Zionismus zu unterscheiden
Zionismus ist eine Ideologie
Die will *ein* Land für alle Juden
und nur für Juden und das soll Palästina sein

Über Bethlehem und den Hügeln
seiner fruchtbaren Landschaft
im palästinensischen Autonomiegebiet
das hier Westbank heißt
stapeln sich dunkle Wolken
Regen schiebt sich vor die Fenster im Bus
Durch schräg verlaufende Wasserstreifen
sehe ich Mauern Mauern
mal bekritzelt mal beschmiert
Hohe Mauern um und in Bethlehem
Stacheldraht teilweise oben drauf

eingesperrt die menschen
und zum verlassen
ist ein passierschein
vorzulegen
selbst dann gilt
nur kontrollierter radius

Bei Kälte und nassen Windböen
eilig ein kleines Stück
zur **Geburtskirche** zu Fuß
Einer Festung gleicht sie
Demütig verneigen wir uns
anders gesagt
kriechen tief gebückt
durch das niedrige Tor
Früher für berittene Eindringlinge
ein Hindernis
ins Innere des Gotteshauses zu gelangen
Dieses ist zum großen Teil
griechisch-orthodox gestaltet
Wir steigen hinab zur **Geburtsgrotte**
Teil des verwirrenden Höhlensystems
Menschen christlichen Glaubens verehren
den silbernen Stern von Bethlehem
und den Ort der Geburt Jesu

der stern
vom himmel geholt
und unter dem altar
eingefliest
sodass man ihn auf knien
verehren kann

Alle Menschen in der Schlange
vor mir sinken auf die Knie

berühren den Stern und beten
Unsere Gruppe singt nun leise
das bekannte Weihnachtslied
Zu Bethlehem geboren

Silberne Votivlampen symbolisieren
Zweige der christlichen Kirchen

unsicher
bücke auch ich mich
den stern flüchtig zu berühren
weil alle das getan haben

und wie alle anderen möchte
ich ein foto
der heiligen familie

*unwohl fühle ich mich
trotzdem*

Eng ist es wir bleiben nur kurz

*ein durcheinander im kopf
keine konzentration
auf den text des evangeliums
keine andacht möglich
auch wenn ich sie mir
einen augenblick wünsche*

*in den kirchen
keine stille
äußere pracht
fülle an kunstwerken
reine ablenkung
sie füttern
mein zwanghaftes bedürfnis
festzuhalten
alles
in fotos*

*vielleicht darf das
einfach so sein*

Zu dem Bild der Jungfrauengeburt
wird eine Auslegung angeboten
In Jesus kam etwas von Gott in die Welt
das stammte nicht nur vom menschlichen Vater
Joseph einem Zimmermann

Das Kind in der Krippe war neues Zeichen
Nicht in der Macht liegt das Göttliche
sondern in der Hilflosigkeit
Maria die Mutter Jesu
ein Bild für jene Menschen
die Christus aufnehmen in ihr Leben

Schon die frühen Christen glaubten
an die Gottesgeburt im Herzen
die sich ereignet wenn man zuhört
was „Engel" verkünden

Dankbar bin ich und freue mich
über Utas Erklärungsangebote
Manches erscheint vertraut
als wäre es lange meins
als würden die alten Bilder
aus meiner Kindheit und Jugend
in neuen Rahmen glänzen

draußen
tropische regengüsse
blasen schwimmen auf den straßen
weihnachtliche festbeleuchtung
glitzert darin
und über alles hinweg
nur

kilometerlange mauern
und zäune stören
mit graffiti
auf denen kinder
mit stacheldraht spielen
WE WANT PEACE! uns anschreit

graffiti auf denen
eine widerstandskämpferin
über ihrem maschinengewehr
lächelt und „Mr. Trump"
durchgekreuzt
unter roten balken
ächzt

Für Jesus besonders herausfordernd
Jerusalem als Stadt des Tempels
War doch in seinem Wirken
das Reich Gottes das Wesentliche
das sich den Menschen gezeigt hatte
Was sollte dann noch bedeuten
Gegenwart Gottes im Tempel?
Jesus sah Tempelkult kritisch
Das ist mehrfach belegt
Für Reiche und Mächtige
in Jerusalem musste
seine Botschaft ärgerlich sein
von einem Gott
auf Seiten der Armen
der Leidenden und Unterdrückten

Das Leiden der Palästinenser und Israelis
durch den Konflikt währt seit Jahrzehnten
Funken der Hoffnung gibt es
Lizzie Doron israelische Autorin
hat erfahren wie ihre vermeintlich
klare Wirklichkeit zerbrach
als sie sich `dem Feind´ gegenüber sah
Sie war gezwungen Denkmuster zu überprüfen
und drang durch die Gespräche
mit den `Combatants for Peace´ zu ihren
innersten „abgeriegelten ... Bezirken" vor
zu „Schranken, meiner ursprünglichsten Angst,
meinen Vorurteilen" [10]

Krieg ist Teil der Identität von
Israelis und Palästinensern
„Aber wir müssen unseren Weg
und unsere Gedanken ändern." [11]

lernen
die geschichte des anderen
zu hören
so den anderen kennenlernen
verstehen
woher sein schmerz kommt
wissen
er versteht auch meinen

Ursula Mukarker in Bet Jala sagt
„Ein Leben im Jetzt hilft
den Schmerz zu lindern
Wie müssen Verantwortung
für unser Leben übernehmen
für einen Wandel das tun
was uns möglich ist"

In der Nacht wache ich auf und werde überfallen
von mir bekannten Fragen
Was will ich hier?
Warum fühle ich nichts?
Warum finde ich keine Antwort?
Ein Gewitter brodelt über Jerusalem

Tag 8 - Zeugnisse des Grauens

Es ist noch früh
Gleich soll auf dem Dach
die morgendliche Andacht stattfinden
Ich kämpfe mit mir
Will ich in die Kälte? Nein
Dort zu stehen wäre Opfer
Nein das will ich nicht
Als ich die Zimmertür öffne
kommen ein paar Mitreisende
von oben mir entgegen
Heute treffen wir uns in der Halle
draußen ist es manchen zu kalt
Ich gehe mit ihnen

Wir erfahren von und sehen
immer wieder Sperranlagen
759 Kilometer zwischen Israel
und dem Westjordanland
auch mitten in Jerusalem
auch in Bethlehem
Israel will sich vor Attentätern schützen
Schwer gesicherter Metallzaun Gräben
Stacheldraht Bewegungsmelder
Wo das nicht geht
Stahlbeton
Das verstößt laut UN gegen Völkerrecht
Ich bin entsetzt

mauern
trennen
blickdicht brutal
bedingungslos
mauern
zerteilen zerstückeln
zerrütten

Aber gegen die Ausgaben
für Rüstung Mauerbau und -erhalt
wird häufig demonstriert
und Israelis fordern stattdessen
Armut abzubauen
den Gegensatz zu reduzieren
zwischen Arm und Reich
Gespaltene Gesellschaft
Was im Zusammenleben funktioniert
sind Behandlung im Krankenhaus
die neue Straßenbahn und das Kino
Die Menschen konnten es vorher nicht glauben
Die Straßenbahn mit Israelis und Palästinensern
problemlos unterwegs?
Es geht

Im Gespräch mit der Jüdin Hana
am gestrigen Abend den ich leider verschlief
ging es um die Bedeutung von Judentum
erklärt mir eine Mitreisende heute

Man legt den Schwerpunkt der Definition
entweder auf das jüdische Volk
oder die gemeinsame Geschichte
oder aber auf das Land
Für viele Juden in Israel heute
meint Judentum nicht die Religion
wie wir als Fremde denken mögen
Es gibt unter israelischen Juden
wie überall zahlreiche Atheisten

Ich befürchte **Jad Vashem**
könnte mich überfordern
Doch ich entscheide mich mitzufahren
Nicht alle aus der Gruppe sind dabei

Die Gedenkstätte existiert seit 1957
Erinnerung an die Shoah
In Israel und bei Kritikern
wird der Ausdruck Holocaust
als verharmlosend abgelehnt
Der Genozid der Nazis
die systematische Vernichtung
von sechs Millionen europäischen Juden
wird seit 1948 als Shoah bezeichnet
Das bedeutet Zerstörung
Katastrophe

Jenseits des Eingangs beginnt
die Allee der Gerechten
mit immergrünen Johannisbrotbäumen
für jeden Nichtjuden der nachweislich
unter Einsatz seines Lebens
einen Juden gerettet hat

Wie - so wenige Bäume*?*

Im Museum wird die Geschichte der Verfolgung
und Vernichtung dokumentiert
Das hört sich für mich
so undramatisch sachlich an

Jad Vashem

1
ein langer gang
wände verengen sich
nach oben
am ende ein fenster
flügel öffnen sich
zum himmel
über grünender landschaft
glück für
die überlebenden

in schlangenlinien
bewegst du dich
durch die sammlung
der grausamkeiten
des naziregimes
du hörst das gebrüll
du siehst die aufmärsche
hörst das volk jubeln
den gruß jener jahre
hakenkreuze flattern
gleise überleben
die ins verderben führten
du siehst in die
gesichter von geschundenen
verhungernden
du kennst solche bilder
und geschichten der opfer
die überlebten

in auschwitz ermordet
mit vierzehn jahren
ein junge
sein traum
pilot zu werden
die wunderschöne welt
von oben zu sehen
so stand in seinem tagebuch

mir ist übel
meine tränen fallen
auf den boden
dieses landes
menschen schauen
mich an

ich will hier
raus

zum ersten mal
schäme ich mich
für die vergangenheit
meines geburtslandes
deutschland
für gräueltaten
an anderen völkern
besonders an juden
schäme ich mich
für die angst
der mitläufer
die ich vermutlich
geteilt hätte
warum
sollte ich eine
heldin gewesen sein
wenn
drakonische strafen

für widerstand
normalität waren

der ausgang
ich finde ihn nicht

Blind vor Tränen frage ich mich
wie heutige jüdische Menschen
mich sehen mögen
eine Deutsche in ihrem Land

doch bin ich nicht heute
lebendiges friedensangebot
zwischen menschen
guten willens

immerhin
am ende das fenster
davor zwei flügel aufsteigend

jakobs leiter
vielleicht

Aufgewühlt verweint beunruhigt
verlasse ich diesen Teil des Zentrums
hadere mit ichweißnichtwas
irre im Park umher
Bewegung hilft immer das kenne ich

Skulpturen treffen mich
die keinen Trost für Betroffene spenden
Oder ich verstehe es nicht so

2
plötzlich der gedanke
genau das soll es
betroffen machen
schuldgefühle hervorrufen
grauen mit dem damaligen grauen erregen
zeugnis ablegen über das grauen
jener zeit

der tod ist ein meister aus deutschland
schrieb celan

143

etwas stimmt nicht
etwas wehrt sich
ich möchte nicht
mich unter druck gesetzt
und scham fühlen
durch die art
der gestaltung
einer gedenkstätte
etwas stimmt nicht

3
ein hoher schwarzer saal
ich verliere mich in
millionen von lichtpunkten
namen und alter von
zahllosen kindern erklingen
umgekommenen oder
ermordet unter dem nazi-regime

jeder einzelne kindesname
eingebettet in sphärenklänge
und den schein von
kerzen die sich
spiegeln in spiegeln
und brennen
unter diesem sternenhimmel
des grauens

4
hall of names
millionen
in akten
schwarz auf weiß
akribisch aufgelistet
von den schergen
in der verwaltung
der todesmaschinerie

In der Buchhandlung treffe ich Uta
und bitte sie um einen Tipp
Die Auswahl ist groß die meisten
Autoren sind mir unbekannt
Amos Oz Elie Wiesel Jennifer Teege
von ihnen nehme ich etwas mit
Uta zeige ich meine Verstörung
Sie erklärt
„Es geht nicht darum
in dieser Erinnerungsstätte
ständig Schuldgefühle zu beleben
Doch nur Erinnerung
kann uns davor bewahren
dass Ähnliches wiederholt wird
Alles woran nicht erinnert wird
kann nicht verarbeitet werden
und in unserem Unterbewussten
negative Kraft entwickeln"

Welche Auswirkungen haben
die von Juden und Israelis
nicht verarbeiteten Traumata heute?

In diesem Zusammenhang einige
wesentliche Daten nach der Shoah

Der Staat Israel

14. 05. 48   David Ben Gurion proklamiert den Staat Israel

15. 05. 48   Der israelisch-arabische Krieg beginnt,
sechs Nachbarstaaten greifen Israel an

15. 01. 49   Waffenstillstand zwischen Israel und Ägypten,
Jordanien, Syrien, Aufteilung Jerusalems in einen West-
und Ostteil

13. 12. 49   Israel erklärt Jerusalem zu seiner Hauptstadt

1950   Tausende Juden kommen aus dem Irak und
              Jemen

1956/57   Krieg auf der Sinai-Halbinsel, Israel besetzt
den Gaza-Streifen

1957/58   Gründung der Fatah, einer palästinensischen
Befreiungsorganisation, die Arafat ab 1968 leitet

1967	Sechs-Tage-Krieg wegen Israels Sperrung des Zugangs nach Elat, Israel kämpft gegen Ägypten, Syrien, Jordanien, erobert den arabischen Teil Jerusalems, Gaza, Westbank, Golanhöhen

1973	Yom-Kippur-Krieg, Ägypten und Syrien greifen Israel an

1977-79	Friedensvertrag zwischen Ägypten und Israel, das die Sinai-Halbinsel räumt

1981	Israel annektiert die Golanhöhen, d.h. besetzt sie widerrechtlich und eignet sie sich an

1987	Erste Intifada in den von Israel besetzten Gebieten, die Palästinenser setzen sich gegen die Militärherrschaft Israels zur Wehr (Streiks, Steinwürfe)

1991	Erste Nahost-Friedenskonferenz, 400000 Juden aus den ehemaligen Staaten der Sowjetunion wandern nach Israel ein

1993	Gaza-Streifen und Gebiete um Jericho unter palästinensischer Selbstverwaltung, die PLO erkennt Israel an

1994	Friedensvertrag zwischen Jordanien und Israel

2000   Zweite Intifada, palästinensische Selbstmord-
anschläge, Israel besetzt Teile der Autonomiegebiete

2004   Ausbau des „Sicherheitswalls" von israelischer
            Seite

Bis heute immer wieder Konflikte

Ich nehme mir vor darauf zu achten
im Alltag Phrasen wegzulassen
die ich mit der Shoah verbinde wie
erschossen erschlagen verheizt

Auf den Spuren Jesu tropft es
mir vor dem **Israel Museum**
in den Nacken unaufhörlich
Beim Modell Jerusalems
zur Zeit des Lebens Jesu
ist mein Regenmantel zu dünn
Ich friere und will weg
aus Regen und der Kälte
Da ich jedoch nicht weiß
wie es von hier aus weitergeht
halte ich still grolle gegen
das Wetter

Das Modell der herodianischen
Tempelanlage imposant
hellenistisch der Stil
Herodes in seiner Regierungszeit
36 bis 4 vor Christus
stand unter einem starken Druck
gegenüber jüdischen Untertanen
was seine Legitimierung betraf
Für viele Juden war er
kein echter Jude
da seine Mutter keine Jüdin war
Zudem werteten viele Juden
den ihnen gottlos erscheinenden Stil
des Römischen Reiches ab
den er als dessen Vasallenkönig
sich angeeignet hatte
Mit der Errichtung des neuen
jüdischen Heiligtums
wollte Herodes versuchen
jüdische Menschen zufriedenzustellen
gleichzeitig sein Selbstverständnis
als hellenistischer König zu behalten
Das überwältigend prachtvolle Ergebnis
seines Größenwahnsinns
bescherte ihm Ruhm nur für kurze Zeit
Sechs Jahre später wurde das Kunstwerk
von den Römern zerstört

Macht macht etwas mit Menschen

heilig unheilig
orte
worte
gott und mensch
teuflische versuchung
macht geld einfluss
herrschen beherrschen
befehl vernichtung

heilig unheilig

und irgendwann
stürmen wildere horden
dein land
deinen thron

also
warum nicht
in gottes namen
menschenwürde wahren
schützen

Pitschnass tropfend mein Mantel
und ich darin vor Unbehagen zitternd
so folge ich den Mitreisenden
in das Gebäude des Museums

Im **Schrein des Buches** ein Teil der symbolischen
Schriftrolle in gewaltigem Ausmaß
Zeichen für den Codex von Aleppo
aus dem elften Jahrhundert
der im Original hier vorliegt
1947 beschädigt besteht er
heute aus 295 statt
491 Blättern
geschrieben in dem Hebräisch
das in Bibelausgaben zu finden ist
Der Codex Aleppo
autoritative Quelle
für das vollständige Manuskript
der hebräischen Bibel
Auch die Schriftrollen aus Qumran
befinden sich hier im Original

Abends auf dem **Berg Zion**
Ein besonderer Ort
für christliche Pilger und jüdische
wie muslimische Besucher

Gedenken
an das Abendmahl
an die Fußwaschung Jesu
und die Erscheinung des Auferstandenen
an die Herabkunft des Heiligen Geistes
sowie an den Tod von Maria

Gewaltige **Basilika Dormitio**
auf dem Berg Zion erbaut
von den frühen Kreuzfahrern
Darin der Abendmahlssaal

andacht
im kargen innenraum
gedenken an
das abendmahl jesu
mit seinen weggefährten
hören beten in stille

menschen aus kenia
neben uns
in trance
sie zittern
am ganzen leib
zwölf fallen um
gleich starren puppen
beschwörungsformeln
gemurmelt
von einem mann
der später sie weckt
indem er sie ohrfeigt

fremd bis unheimlich

ein anderer ausdruck
jeder glaube

Tag 9 - Der Ölberg

Morgen wird es heimwärts gehen
Heute liegt der letzte Tag
noch neu vor uns in Jerusalem
Wir werden an Jesu Nacht
vor seiner Gefangennahme denken

Wir fahren auf den **Ölberg**
Das ist der höchste Punkt
des von der Küste am Mittelmeer
ansteigenden Hügellandes

Vor Konstantins Kirche der Himmelfahrt
heute **Paternoster-Kirche**
Tafeln mit dem Vaterunser
in achtzig Sprachen
Welch verbindende Idee

Neue Klänge im Vaterunser aus
der Sprache Jesu Aramäisch
höre ich von einer Mitreisenden

Oh du atmendes Leben in allem
Ursprung des schimmernden Klanges
Du scheinst in uns und um uns
Hilf uns einen heiligen Atemzug zu atmen
bei dem wir nur dich fühlen
und dein Klang in uns erklinge und uns reinige
Lass deinen Rat unser Leben regieren
Gewähre uns täglich was wir
an Brot und Einsicht brauchen

Unsere Reiseleiterin spricht
ein jüdisches Gebet für Jerusalem

Erbarme Dich Herr unser Gott
Deines Volkes Israel
Deiner Stadt Jerusalem
Gott unser Vater weide uns
ernähre erhalte und befreie uns
aus allen unseren Nöten

Lass uns nicht angewiesen sein
auf die Gabe von Fleisch und Blut
sondern nur auf Deine Hand
die volle offene und reiche
dass wir nicht zuschanden werden
und nicht beschämt werden in Ewigkeit
Und erbaue Jerusalem die heilige Stadt
bald in unseren Tagen
Gelobt seist Du Herr
der in Seinem Erbarmen Jerusalem baut
Amen

An einer Stelle des Ölbergs im Garten
mit Blick auf das weiße Gesicht der Stadt
hören wir das Evangelium
von Jesus und seinen schlafenden Jüngern
Der Inhalt dieses Textes berührt mich jedes Mal
Verzweiflung und Einsamkeit
die Jesus durchlebt
sie sind kaum einem Menschen fremd
Verlassen von allen
selbst engsten Freunden und Vertrauten
das wünscht man nicht sich und niemandem
Petrus versprach mit Jesus zu wachen
Er schaffte es nicht und verleugnete ihn
Wie bitter aber wahr
und menschlich unsere Schwäche

Dann die Geschichte vom Verräter
Wie schrecklich fand ich den Judas als Kind
der einen Freund an den Tod verkaufte
Doch dann erfahre ich bei *Amos Oz*
und staune
Auch Judas Ischariot hat Jesus geliebt [12]
Er hat an ihn als göttlich geglaubt
was sich als tödlich für Jesus erwies
Denn Judas glaubte an die Vollendung
des Werkes Jesu auf Erden
indem Jesus
der Göttliche
siegreich vom Kreuz hinabsteigen würde
Daher bat Judas ihn
sich nach Jerusalem
und auf den Kreuzweg zu begeben

Was fühlt was tut ein Mensch
der zu spät merkt
dass seine Liebe und ein falscher Glaube
tödlichen Irrtum bewirkt haben?

Zwei Versionen der Judasgeschichte
Der Mann wird ewig Verräter bleiben
und doch ein Mensch wie wir
Gott hat ihm längst verziehen
glaube ich

Jerusalem so faszinierend
für Menschen aus aller Welt
eindrucksvoll kontrovers und verwirrend
ständiger Wechsel zwischen
Orient und Okzident

jerusalem
du weiße hügelstadt
vielfältig vital
bedrückend

abschied nehme ich
von dir
jerusalem
bist du mir
nahe gekommen

worte der bibel
in einem augenblick
an einem ort
haltepunkte

mitten in meinem
gedankengewirr
verbunden

Eine andere Art des Abschieds
auf dem höchsten Punkt des Ölbergs

In kleiner Gruppe treten wir
ein in die **Himmelfahrtskapelle**
Am Boden eine Art Fußabdruck
angeblich von Jesus bevor er in
den Himmel aufgefahren sein soll

Bei allem Respekt
aber ein Fußabdruck Jesu
das geht mir zu weit
*Da muss man sich kräftig vom Boden
abdrücken und braucht viel Schwung
um zum Himmel fliegen*
meldet sich prompt der Schalk in mir

An zahllosen jüdischen Gräbern vorbei
geht es bergab von der Ölbergkuppe
durchs **Kidron-Tal** nach Gethsemane
Am Weg die Kapelle **Dominus Flevit**
durch deren verziertes Fenstergitter
man bis auf die Grabeskirche schaut
Dominus flevit meint *Der Herr weinte*
Beim Anblick Jerusalems so heißt es
am Palmsonntag habe Jesus geweint
Den Untergang sah er voraus

Pilatus fragte das Volk
Wen wollt ihr dass ich euch freigebe
den König der Juden oder

Barrabas den Verbrecher?

Ich erfahre `Barrabas´ bedeutet
Sohn oder Tochter des Vaters
Das heißt jedermann
Pilatus verurteilte Jesus
als *Gottessohn* zum Tode
So sah die Schrift es vor
Und damit ließ er jedermann
die ganze Menschheit frei

Mein Vater, warum hast du mich verlassen?
Die Todesstunde Jesu in der als Kind ich
am Karfreitag jeweils um die zwölfte Stunde
an ihn gedacht um ihn getrauert habe
den sich verdüsternden Himmel erwartend
Was viele Jahre auch geschah
Dunkle Wolken Gewitter und Regen
waren natürlich um Ostern nicht selten
Innere Finsternis Trauer und Mitgefühl
für den Gekreuzigten in mir als Kind

Im kleinen Garten **Gethsemane**
mit alten Olivenbäumen
soll Jesus mit seinem Gott gerungen
und ihn gebeten haben
das Kommende ihm zu ersparen
Er wird uns als Mensch in Not gezeigt

Doch scheint es
eine Kraft in ihm ließ ihn
auf seinen Gott vertrauen
sodass er die Vollendung seines Lebens
in dessen Hände legte

nichts fühle ich an diesem ort
und bin darüber traurig
wie winzig wirkt der garten
neben der kirche der agonie jesu
überall übermächtige kirchen

Aus dem Felsen gehauen
in einer Nische fast verborgen
das Bild von Jesus
voller Verzweiflung
auf Knien
über einen großen Stein gebeugt

Neben der St. Anna Kirche
Reste des **Bethseda-Bades**
Ein Gelähmter und ein Blinder
wurden dort geheilt so heißt es
Jesus sprach zu dem Gelähmten
Willst gesund du werden?
Das klingt in meinen Ohren
therapeutisch und klug
Indem er diese Frage stellte
half er dem Kranken zu verstehen
dass Ausweglosigkeit
von ihm empfunden
mit seiner Einstellung zu tun hatte
Denn manche Menschen haben
die Hoffnung aufgegeben
und manchmal auch sich selbst
und wollen nicht gesunden
Ihm zu befehlen aufzustehen
verhalf dem Kranken
jene Kraft hervorzurufen
die für seine Heilung notwendig war

Dem Blinden öffnete Jesus die Augen
heilte ihn so von innerer Blindheit
auf dass er die Liebe Gottes sähe
die keinen Menschen ausschließt
Welche Weisheit
der biblischen Texte

In der **Via Dolorosa**
trau ich meinen Augen kaum
Dornenkronen stapeln sich
ineinander schwer verheddert
Sie sind echt und ausgelegt zum Kaufen
echt gruselig
Gegenüber finde ich dann
endlich Kerzenbündel duftend
wie in einer der Kirchen gesehen
wo Gläubige ein dickes Bündel
der dünnen Stäbchen zur gleichen Zeit
an einer Flamme entzündeten
die kräftig in der Schale loderte

Am letzten Abend besuchen wir
den **Gottesdienst in der Synagoge**
mit Namen Kol ha Neshama
Regen begleitet uns beharrlich

Vor der Synagoge werden wir
von einer Dame freundlich begrüßt
Unsere Gruppe wird der Gemeinde
in ihrem schlichten Versammlungshaus

als Gäste aus Germany vorgestellt
Wir werden ermuntert
bei den Gesängen mitzusummen
Der Rabbi gibt in englischer Sprache
die Seitenzahl im Büchlein an
das wir von hinten nach vorne durchblättern
wie die hebräische Sprache es fordert
Mit Freude summe ich fast alles mit
Die Gesänge kommen mir fröhlich vor
und es wird viel gesungen
Männer und Frauen nebeneinander
Liberal wird die Gemeinde sein
Als altes Zeichen der Ehrfurcht vor Gott
tragen Männer eine Kippa
Manchmal betet der Rabbi leise
beginnt dann einen sanften Gesang
die Gemeinde stimmt ein wird lauter
dann leiser am Ende singt irgendwer
das letzte Wort den letzten Ton
Im Gebet steht jeder gleichberechtigt
JHWH gegenüber
spricht im eigenen Rhythmus
Manchmal wird rhythmisch geklatscht
Wir machen gerne mit
Einmal springt ein älterer Herr auf
als Rabbi wurde er anfangs begrüßt
reicht seiner Nachbarin die Hand
Die reicht ihre dann dem Nachbarn

und so weiter bis die Prozession
lachend durch den Raum zieht
Lieder singend
die oft mehrstimmig erklingen

so schön so schön
mich überzieht
ein gänsehautgefühl
der wonne

Manchmal wird „die Braut empfangen"
dann drehen wir uns zur Eingangstür
So erklärt mir freundlich
eine Rabbinerin aus den USA

Nach zwei Stunden verlassen wir
die freundliche jüdische Gemeinde
Es hat sich ausgeregnet
Sehr groß und leuchtend steht der Vollmond
am sternenklaren Himmel
Ich freue mich wie ein Kind
Alles ist im Augenblick rund
Und morgen geht´s nach Hause

Zurück nach Palästina ging Ursula Mukarker
Nach einem Jahr in den USA
kehrt auch die israelische Schriftstellerin
Ayelet Gundar-Roshen zurück

Ich las ihren Roman *Löwen wecken* und
ein Interview im ZEITmagazin
Warum kommt sie zurück nach Israel?
„Ich bin ein politischer Mensch, also trage ich
für Israel ... moralische Verantwortung. ...
Für mich ist es ein Wunder, dass wir Israel haben.
Und dann machen wir gerade
alles so falsch. Aber unser Land ist noch jung
und kann sich ändern. Und wenn das passiert,
will ich hier sein." [13]
Mutige Frauen
in dieser konfliktreichen Region

Ein letztes Gespräch über unsere Reise
Applaus und Dank an unsere Reiseleiterin
die uns auf so besondere Art
geführt informiert Zusammenhänge erklärt
die Texte am jeweiligen Ort des Glaubens
uns würdevoll präsentiert hat
Eine Mitreisende spricht es aus
„Wie du es machst und was du sagst
liebe Uta
was darin an gelebtem Glauben
zu spüren ist das ist für mich
Reich Gottes jetzt unter uns"

Tag 10 - Er geht euch voraus

Koffer und Rucksack prall gepackt
Die Sonne begleitet uns zum Abschied
auf der Fahrt nach Tel Aviv

Auf dem Weg nach Emmaus
so das Evangelium
begegnete der Auferstandene den Jüngern
Das arabische Dorf **Abu Gosh**
lange besiedelt wegen der Quelle
setzten die Christen später gleich
jenem an dem Christus
mit den Weggefährten
das Brot gebrochen hatte
erstmals nach der Auferstehung

Abu Gosh
mitten auf israelischem Gebiet
nur deshalb nicht von Israel zerstört
wie alle arabischen Dörfer ringsum
weil es hier schon immer Hilfe
für Menschen in Not gegeben hat
unabhängig von Glaube und Herkunft
Auch jüdische Flüchtlinge fanden hier
vor und nach dem Naziterror
Schutz und Hilfe

Das Emmaus-Evangelium von Lukas
auf dem Hügel der Klosteranlage
unter knorrigen alten Bäumen
in einem Garten mit Kräutern Gemüse
und Blumen auch im Winter

Eine Quelle vermutlich die aus alter Zeit
sprudelt sich weich in unser Ohr

Jesus trat unerkannt auf als Wanderer
Was wollte der Evangelist damit sagen?
Dass der Auferstandene uns begegnet
als jemand in alltäglicher Kleidung?
Dass sich im normalen Leben

Begegnung mit Christus ereignen kann
wenn uns die Augen für die Gegenwart
des Auferstandenen geöffnet werden?

Die Kreuzfahrer-Kirche im romanischen Stil
aus dem zwölften Jahrhundert
ein Bollwerk
Hier beten Nonnen und Patres
einer französischen Glaubensgemeinschaft
Gemeinsam gestalten sie Gottesdienste
leben in einem Doppelkloster
das ökumenisch ausgerichtet
berichtet Schwester Marie Madeleine
im Sonnenlicht wo die Quelle sprudelt

Sie hat mit unserer Reiseleiterin
Uta Theologie studiert
ein Jahr an diesem Ort verbracht
und spürte in einem Augenblick
die Entscheidung sehr klar
„Hier will ich bleiben"

Die Gemeinschaft lebt urchristlichen Glauben
zu den Anfängen zurück gebrochen
Schicht um Schicht bis zum Leben Jesu
und damit zum Judentum
Nonnen und Mönche sind offen für jeden
Menschen an der Klosterpforte

während sie mit offenem blick
und einer ausstrahlung
`heil´ fällt mir dazu ein
von klosterleben und berufung
uns berichtet
beginnt etwas in mir zu arbeiten
es wühlt im bauch ist aufgeregt
tränen zurückhalten geht nicht
ich schlucke weiß nicht
was los ist

wende mich von der gruppe ab
nehme die quelle wahr
lebendig sprudelnd
was will herausquellen
kann ich
nein
nur mich bremsen
um nicht laut zu schluchzen
die anderen nicht zu stören
weinen möchte ich
nur weinen

eine sehnsucht

in der schwester begegnet mir
… ich wage es nicht …

wende mich ab von der quelle

stolpere durch den garten
hinunter in das kirchenschiff

zu dunkel
ich drehe mich um
und begegne
mit tränennassen augen
der mitreisenden
die oben an der quelle
neben mir

einfühlsame seele
schaut sie mich an sagt
ich habe oben gedacht
du bleibst hier

ich stutze verwirrt
suche die nonne
will mit ihr sprechen
was will ich fragen

kein wort
nur tränen
was ist
was ist nur los

schwester madeleine
sie lächelt

Wochen später
hilft mir *Dürrenmatt*

Gott
lässt sich nur erleben
in der Erschütterung
Glauben bedeutet also nicht
ein Für-wahr-Halten
sondern ein Erschüttertsein
das durch nichts bewiesen werden kann
und auch nicht bewiesen werden muss [14]

Und

„Es gibt Erkenntnisse,
die deshalb spät kommen,
weil sie Erlebnisse voraussetzen,
denen wir im Erleben nicht gewachsen sind." [15]

Der Rückflug am Tag 10 ab Tel Aviv

In der Abflughalle Sicherheitspersonal
Fragen an jeden einzelnen nach dem Woher
Mit wem Wie lange der Koffer
irgendwann unbeaufsichtigt
Wir haben Zeit genug

Wie auf dem Hinflug erfolgt in der Maschine
eine Entschuldigung dafür
dass die Caterer mangels Personal etc
Nur Brot und Getränke werden serviert
Bei dem was dann folgt
ist selbst das
für viele Passagiere zu viel

Turbulenzen
auf dem Rückflug
kein Wunder
nach den widerstreitenden
Eindrücken
Aufwärts abwärts

durchgerüttelt
Tüten werden angereicht

Aufsteigen wird endlich
dem Kapitän erlaubt
und plötzlich sonnengrell
blendende Weite

Doch unter uns
eine Wolkenwelt aus Schwärze
Wir ganz oben
über der brodelnden Hölle

Himmel
Danke

Quelle: Welt und Umwelt der Bibel 1996, Kath. Bibelwerk

ANHANG

Dank

Für die freundlich-unterstützende Begleitung mit
Anregungen, Korrekturen und kritischen Nachfragen beim
Durchsehen des Textes bedanke ich mich herzlich bei der
Autorin Petra Hetzek.
Der erste Leser meiner Buchmanuskripte war auch in
diesem Fall mein humorvoller Freund Walter. Er fand am
Text wenig zu „meckern" – so nennen wir beide sein
gründliches Studium selbst der Feinheiten, dem oft
begründete Kritik folgt. Ihm möchte ich mit meinem
herzlichen Dank ein kleines Denkmal setzen.
Ein großes Dankeschön für die wunderbaren Fotos und
für unsere „köstliche" Zusammenarbeit geht an Helga M.
Kemper, die diese Reise ebenfalls erlebt hat.
Doris und Uta haben mich mit Literaturhinweisen
beglückt und begeistert. Danke!
Bei Christina bedanke ich mich herzlich dafür, dass und
wie sie mir etwas zum Inneren von Kirchengebäuden
sowie die Bedeutung von Ritualen des griechisch-
orthodoxen Glaubens erklärt hat, wodurch in mir eine
innere Verbindung geweckt wurde, wie es mir durch
Lesen nicht möglich war.
Danke, lieber Werner, Fachmann am Computer, Du warst
mir bei den letzten Schritten überaus behilflich.

Aus folgenden Quellen habe ich zitiert:

1. Straatmann, Nils: Auf Jesu Spuren - Eine Wanderung
         durch Israel und Palästina, Piper Verlag München,
         2. Auflage 2018 (2017), S. 259

*Nils Straatmann, geboren 1989, studiert Theologie in
Leipzig und machte sich mit einem Freund auf den Weg
in jene Region, in der drei Weltreligionen entstanden sind.
Wer war Jesus? Straatmann suchte Jesus auch im Heute
und hat ihn auf seinen anstrengenden Wanderungen
durch Israel und Palästina `gesehen´. Er fragte sich dort:
Was hätte Jesus jetzt gesagt? Was hätte Jesus jetzt getan?
- Es war das erste Buch zu meiner Reise und wurde mir
von einer Freundin geschenkt, die längere Zeit in Israel
gearbeitet hat. Die sachliche Art der Beschreibung dieses
Abenteuers, die vorsichtig-umsichtigen Fragen des Autors
vor Ort haben mich beeindruckt.*

2. Dürrenmatt, Friedrich: Zusammenhänge. Essay über
         Israel. Eine Konzeption, 1975 / Nachgedanken,
         1980, Diogenes Verlag Zürich 1998, S. 15/16
3. Oz, Amos: How to Cure a Fanatic, Vintage London
         2012, übersetzt aus: Between Right And Right,
         S. 23

*Amos Oz, geboren 1939 in Jerusalem, gestorben 2018 in
Tel Aviv, ist der international bekannteste Schriftsteller*

Israels, im Land selbst umstritten.
„Eine Geschichte von Liebe und Finsternis" habe ich vor Jahren gelesen, bin dann während meiner Reise in Jad Vashem auf die Schrift „How to Cure a Fanatic" aufmerksam geworden und habe anschließend vor Begeisterung über seine Sprache und die klaren Stellungnahmen zur politischen Lage sowie seine Ideen für die Zukunft weitere Bücher von ihm gelesen (u.a.: Judas) und ein Seminar über ihn besucht.

4. Dürrenmatt, Friedrich: Zusammenhänge, S. 112
5. vgl. Glaser, Brigitte: Bühlerhöhe, Ullstein TB, 6. Aufl. 2019 (2017)
6. Fietzek, Petra: Aus Heimweh nach mir, Grünewald Verlag Ostfildern 2008, S.85
7. Sölle, Dorothee: Gedicht - Der dritte weg, kirchliche-dienste.de
8. Dürrenmatt, Friedrich: Zusammenhänge, S. 114
9. vgl. diAk, Heft 3/2016, Israel und Palästina, S. 68 – 75
10. Doron, Lizzie: Sweet Occupation, Verlagsgesellschaft München 2019, S. 9/10
11. ebda. S. 196

Lizzie Doron wurde 1953 in Tel Aviv geboren und lebt in Tel Aviv und Berlin.
Eine Freundin empfahl mir dieses Buch. Mich hat Dorons eigener Prozess sehr beeindruckt, in dem sie als Israeli während der Gespräche mit Palästinensern selbstkritisch

*feststellte, wie schwer sie sich tat, das zu sehen, was sie
jahrelang über die andere Seite - „den Feind"- gelernt
und verinnerlicht hatte, und wie sie lernte zuzuhören
und sich für Frieden einzusetzen. In Israel wurde das Buch
nicht veröffentlicht.*

12. Oz, Amos: Judas, Suhrkamp TB Berlin, 6. Auflage 2019
       (2014), S. 295
13. ZEITmagazin 12/19, Interview von Herlinde Koelbl mit
       Ayelet Gundar-Goshen, S. 46
14. vgl. Dürrenmatt, Friedrich: Zusammenhänge, S. 127
15. ebda. S. 145

*Friedrich Dürrenmatt wurde 1921 in Bern geboren und
starb 1990.
Auf Friedrich Dürrenmatt bin ich durch einen
Literaturhinweis gestoßen und freute mich darüber,
wie sehr mich vieles, was er in diesen Essays schreibt,
bewegte, wie verstanden ich mich fühlte, sei es, was
religiöse bzw. spirituelle Gedanken betrifft oder die
politischen Aussagen zum Zustand der beiden Länder
Israel und Palästina.*

Ergänzendes Literaturverzeichnis

Unsere kompetente Reiseleiterin war die wichtigste Quelle für Informationen aller Art vor Ort!

- ADAC-Reiseführer für Israel, München, neu bearb. Auflage 2009
- Das Land der Bibel - Ein biblischer Reiseführer, Biblische Reisen Stuttgart, 2. Aufl. 2018 (2014)
- Die Bibel, Einheitsübersetzung, Gesamtausgabe, Verlag Katholisches Bibelwerk Stuttgart 2017
- Hirschberg, Peter: Israel und die palästinensischen Gebiete, Ev. Verlagsanstalt Leipzig, 2. korr. Auflage 2014 (2011)
- Laudert-Ruhm, Gerd: Jesus von Nazareth, Das gesicherte Basiswissen, Kreuz Verlag Stuttgart 1996
- Mukarker, Faten: Leben zwischen Grenzen, 8. Aufl., Edition Zeitzeugen (o. J.)
- Prospect magdala.org. (o. J. etc)
- Rizek, Rayek: Der Ameisenbär und der Jaguar, AphorismA Verlag Berlin 2019
- Röwekamp, Georg: Heiliges Land, Verlag Katholisches Bibelwerk GmbH Stuttgart, 2. Aufl. 2012 (2009)
- Wikipedia, Geschichte des Staates Israel

Literaturempfehlungen:

Biografie
Altaras, Adriana: Titos Brille, Fischer TB Fankfurt/Main,
9. Aufl. 2019 (2012)
Teege, Jennifer / Sellmaur, Nikola: Amon - Mein Großvater
hätte mich erschossen, Rowohlt TB Reinbek bei
Hamburg, 6. Aufl. 2018 (2014)

Reiseliteratur
Büscher, Wolfgang: Ein Frühling in Jerusalem, Rowohlt
Berlin 2014
Strenger, Carlo: Israel - Einführung in ein schwieriges
Land, Jüdischer Verlag im Suhrkamp Verlag Berlin,
5. Aufl. 2015 (2011)

Roman / Erzählungen
Abulhawa, Susan: Während die Welt schlief, Diana Verlag,
München, 11. Aufl. 2013 (2012)
Doron, Lizzie: Who the Fuck Is Kafka, Deutscher
Taschenbuchverlag, München 2015
Grossman, David: Eine Frau flieht vor einer Nachricht,
Fischer TB, Frankfurt/Main, 2. Aufl. 2012 (2011)
Gundar-Goshen, Ayelet: Löwen wecken, Kein&Aber AG,
Zürich - Berlin, 8. Aufl. 2017 (2016)
Oz, Amos: Nenn die Nacht nicht Nacht, Suhrkamp TB,
Frankfurt/Main, 2. Aufl. 2017 (1997)

Oz, Amos: Eine Geschichte von Liebe und Finsternis, Suhrkamp TB Frankfurt/Main 2008

Oz, Amos: Wo die Schakale heulen, Suhrkamp TB Berlin 2019

Wiesel, Elie: Dawn, Verlag Hill And Wang, New York 2006 (1989)

Theologische Literatur

Bruners, Wilhelm: Wie Jesus glauben lernte, Herder, Freiburg, 2. Aufl. 2018 (2006),

Knapp, Andreas: Lebensspuren im Sand, Herder Freiburg, Neuausgabe 2019